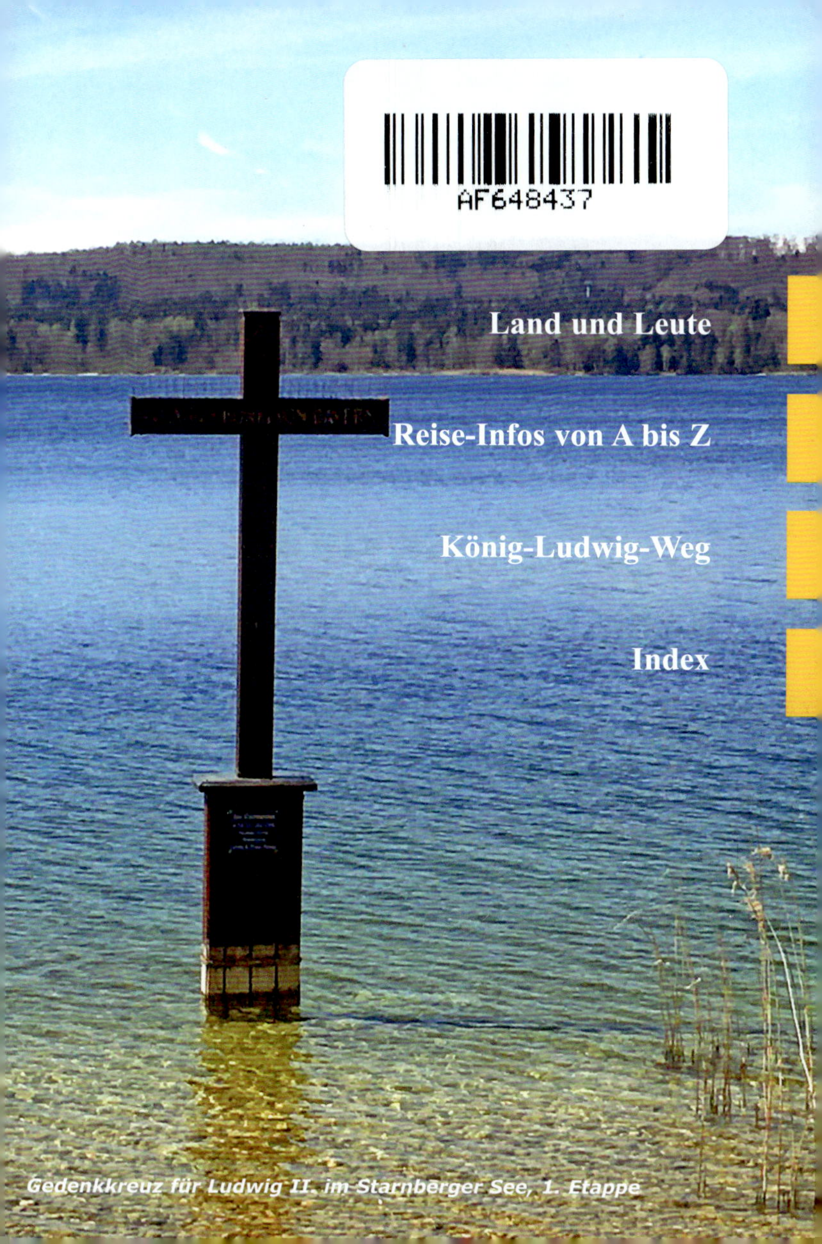

Gedenkkreuz für Ludwig II. im Starnberger See, 1. Etappe

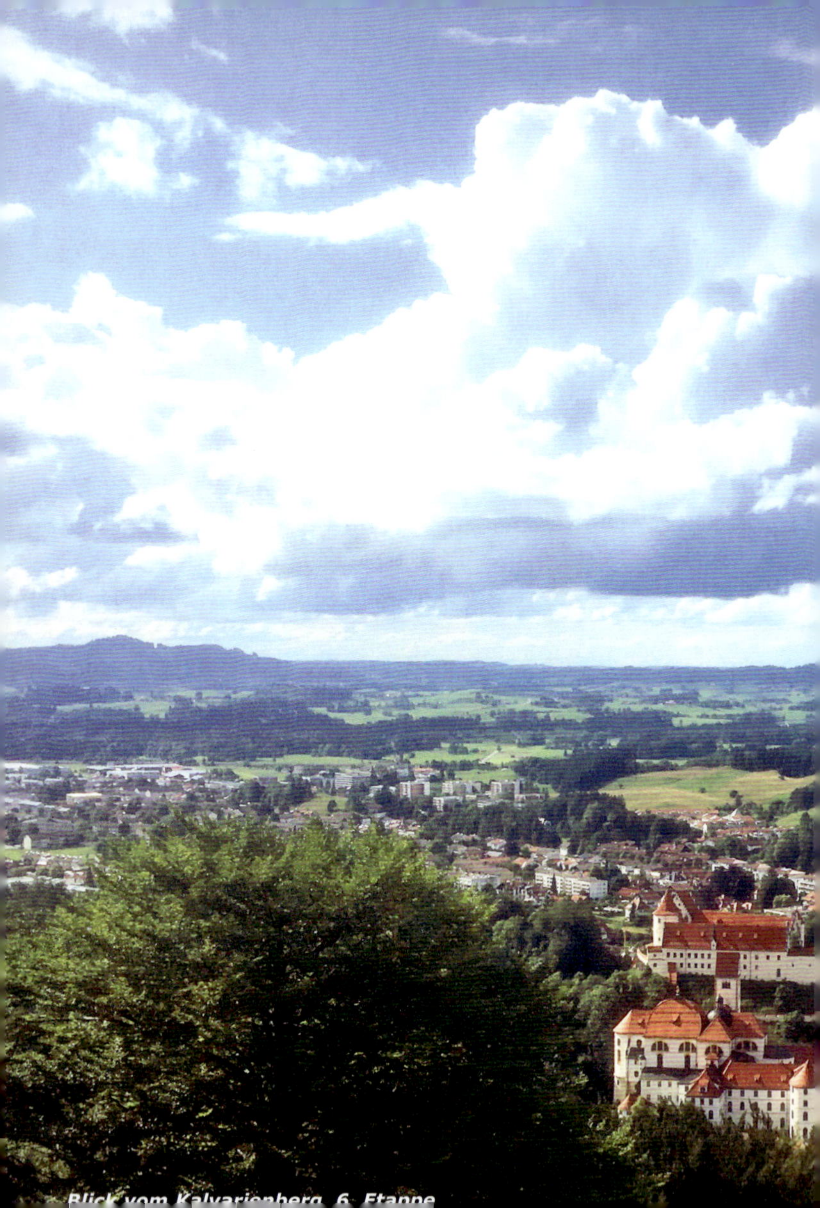

Blick vom Kalvarienberg, 6. Etappe

Band 478

OutdoorHandbuch

Anette Hausmann

König-Ludwig-Weg

vom Starnberger See nach Füssen

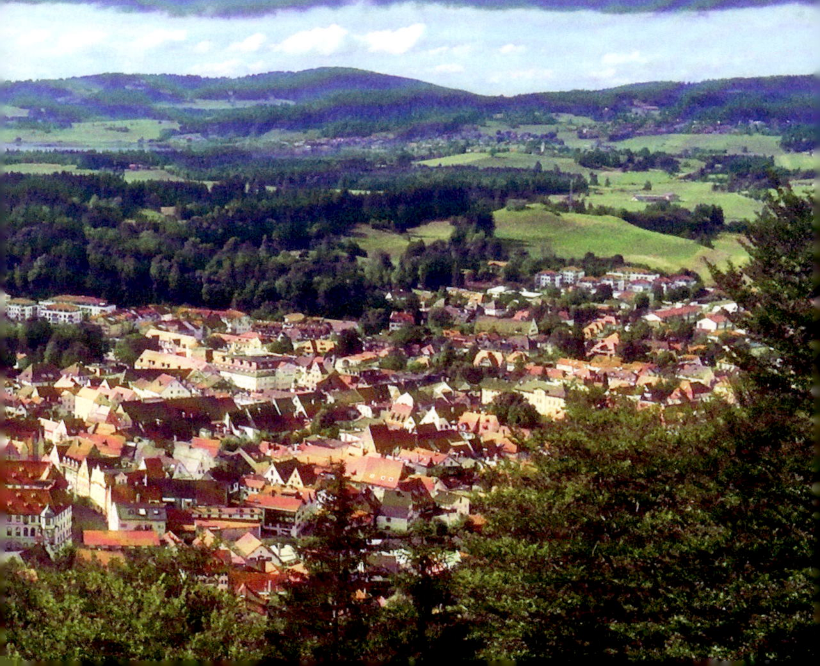

König-Ludwig-Weg

Die Autorin und der Verlag sind für Lesertipps und Verbesserungen (besonders per E-Mail) unter Angabe der Auflagen- und Seitennummer dankbar.

Dieses OutdoorHandbuch hat 96 Seiten mit 27 farbigen Abbildungen sowie 10 farbigen Kartenskizzen im Maßstab 1:75.000, 10 farbigen Höhenprofilen und einer farbigen, ausklappbaren Übersichtskarte. Es wurde auf chlorfrei gebleichtem, FSC®-zertifiziertem Papier gedruckt, in Deutschland klimaneutral hergestellt und transportiert und wegen der größeren Strapazierfähigkeit mit PUR-Kleber gebunden.

FSC
www.fsc.org
MIX
Papier aus verantwortungsvollen Quellen
FSC® C009051

Klimaneutral
Druckprodukt
ClimatePartner.com/10951-2201-1003

Dieses Buch ist im Buchhandel und in Outdoor-Läden erhältlich und kann im Internet oder direkt beim Verlag bestellt werden.

OutdoorHandbuch Band 478

ISBN 978-3-86686-732-1 1. Auflage 2022

Text Anette Hausmann
Fotos: Anette Hausmann und Rainer Siggelkow
Karten: Manuela Dastig
Lektorat: Anna-Lena Ebner
Layout: Alexandra Sauerland und Manuela Dastig

Gesamtherstellung: gutenberg beuys feindruckerei

Dieses OutdoorHandbuch wurde konzipiert und redaktionell erstellt vom:

Conrad Stein Verlag GmbH, Kiefernstr. 6, 59514 Welver,
☏ 023 84/96 39 12,
info@conrad-stein-verlag.de,
www.conrad-stein-verlag.de

Besuchen Sie uns bei Facebook & Instagram:

www.facebook.com/outdoorverlag

www.instagram.com/outdoorverlag

Titelfoto: Blick auf Schloss Neuschwanstein von der Marienbrücke aus, 6. Etappe

Inhalt

☺ Eine **Übersichtskarte** des Weges, **Autorenprofil** sowie eine Liste aller verwendeten **Symbole** in diesem Buch finden Sie auf den vorderen und hinteren Umschlagseiten bzw. -klappen.

Unterwegs auf „Kinis“ Weg

Herzlich Willkommen in Bayern und auf dem königlichen Weg des Märchenkönigs oder „Kini“, wie König Ludwig II. liebevoll genannt wird. Der Weg beginnt an dem Ort, wo das Leben des Königs ein Ende nahm, in der Nähe von Schloss Berg bei Starnberg. Viele Mythen ranken sich um das Leben und den Tod von Ludwig. Daher auch der Name „Märchenkönig“, der auf die vielschichtige Persönlichkeit des bayerischen Königs schon hinweist. Ludwig litt Zeit seines Lebens unter dem zunehmenden Druck seines königlichen Amtes und hätte sich viel lieber in eine märchenhafte Welt der Kunst, Mythen und Sagen geflüchtet und in die prunkvolle Architektur seiner Schösser.

Der im Buch beschriebene Wanderweg ist dem Gedenken an den bayerischen König Ludwig II. gewidmet und wurde am 1. Oktober 1977 im Beisein von Herzog Albrecht von Bayern und Prinz Luitpold von Bayern eingeweiht. Der Weg wurde zwischenzeitlich überarbeitet und im Wegverlauf teilweise verändert und durch Wegvarianten erweitert. Der König-Ludwig-Weg gehört zum Wanderkonzept „Pfaffenwinkel“ und wird vom Bayerischen Staatsministerium für Ernährung, Landwirtschaft und Forsten gefördert. Verantwortlich für die Wegausgestaltung und Kennzeichnung sind die Tourismusverbände Pfaffenwinkel, Tourismus Ostallgäu, Starnberger Fünf-Seen-Land und Ammersee-Lech.

Im Wegverlauf sind die meisten Passagen mit einem blauen, überkronten K auf weißem Hintergrund gekennzeichnet. Der Weg durchläuft eine von der Eiszeit geformte Landschaft durch das reizvolle Voralpenland durch den sogenannten Pfaffenwinkel bis hin an die Alpenkette des Ostallgäus bei Füssen an der Grenze zu Österreich.

Ich möchte Sie mitnehmen auf diesen rund 130 km langen Fernwanderweg von Berg am Starnberger See, durch die Maisinger Schlucht und das schöne Naturschutzgebiet Maisinger See. Weiter geht es über Kloster Andechs nach Herrsching am Ammersee. Von hier aus gelangen Sie mit dem Schaufelraddampfer über den Ammersee nach Dießen mit dem weltberühmten Marienmünster. Von Wessobrunn aus geht es zum Hohen Peißenberg auf 988 m. Durch die Ammerschlucht gelangen Sie vorbei am Weltkulturerbe Wieskirche bis nach Füssen, zu den Schlössern Neuschwanstein und Hohenschwangau. Der Königsweg führt Sie durch eine der schönsten Landschaften Deutschlands, über sanfte Hügel, vorbei an klaren Seen, die zum Baden einladen, und bekannten Barock- und Rokokokirchen und Klöstern, mit herrlichem Blick auf das Hochgebirge der Allgäuer Alpen. Außerdem sind im Buch Abstecher bzw. zusätzliche lohnende Wanderungen und Wegvarianten sowie Attraktionspunkte beschrieben, die sehenswert sind und Sie auf den Spuren des Märchenkönigs wandeln lassen.

Viele Gemeinden freuen sich, dass Wandernde durch ihre Ortschaften kommen. Hotels, Pensionen, Kaffees und Restaurants sind auf Sie als Wandergäste eingestellt.

Ich möchte Sie einladen, diesen Weg zu Ihrem Königsweg zu machen. Tauchen Sie ein in die zauberhafte Landschaft. Kommen Sie zur Ruhe und entspannen Sie. Begegnen Sie dem Weg mit Leichtigkeit und genießen Sie die kulinarischen Annehmlichkeiten und die bayerische Gastfreundlichkeit. Wählen Sie je nach Tagesform Ihr Wandertempo und genießen Sie die Einfachheit des Wanderns ohne Hektik, Termin- und Leistungsdruck.

Eine wunderschöne Wanderung und interessante Entdeckungen auf dem König-Ludwig-Weg wünscht Ihnen Ihre

Anette Hausmann

☺ Meine persönliche Empfehlung für Sie: Ich selbst liebe es, Reisetagebücher zu schreiben. Dafür benötigt man ein kleines Notizbuch und ggf. ein Mobiltelefon mit Aufnahmefunktion und Kamera. Schreiben Sie Ihr persönliches Reisetagebuch, Tag für Tag. Holen Sie sich Stempel ab von den Restaurants, Pensionen, Touristeninfos und Museen. Lassen Sie immer mal Platz im Buch für ein Foto, welches Sie nach der Reise einfach noch einkleben. Am Ende sind Sie reich an Wandereindrücken und halten mit viel Freude und Stolz Ihr persönliches Wanderbüchlein in der Hand.

☺ Am Wegesrand werden Sie auf viele Kirchen und kleine Kapellen treffen. Wenn Sie ein Feuerzeug bzw. Streichhölzer und ein paar Teelichter in Ihrem Handgebäck mitnehmen, haben Sie immer die Möglichkeit, eine Kerze anzuzünden, um in besonderem Andenken und Dankbarkeit den Weg fortzusetzen.

Danksagung

Ganz herzlich danken möchte ich Christiane Haupt, die mich durch ihr Buch „Der Münchner Jakobsweg“ zu diesem Wanderführer inspiriert hat.

Ich danke dir, lieber Rainer, für deine „Rundum“-Unterstützung bei diesem Projekt. Du standest mir bei der über 120 km weiten Wanderung und den genuss- und kunsthistorisch wertvollen Besichtigungen immer zur Seite.

Darüber hinaus danke ich herzlich dem Tourismusverband Pfaffenwinkel und den Tourist-Informationen Starnberg und Füssen für die hilfreichen Informationen.

Vielen lieben Dank an den Conrad Stein Verlag für das Lektorat, das Layout und die Erstellung der Karten und Profile.

Herzlichen Dank möchte ich auch meiner Familie sagen, vor allem meiner Mutti, meinem Sohn Sven und meiner Schwester Konni. Ich bin sehr froh, dass ihr da seid und bei all meinen Ideen, Plänen und Projekten hinter mir steht.

Land und Leute

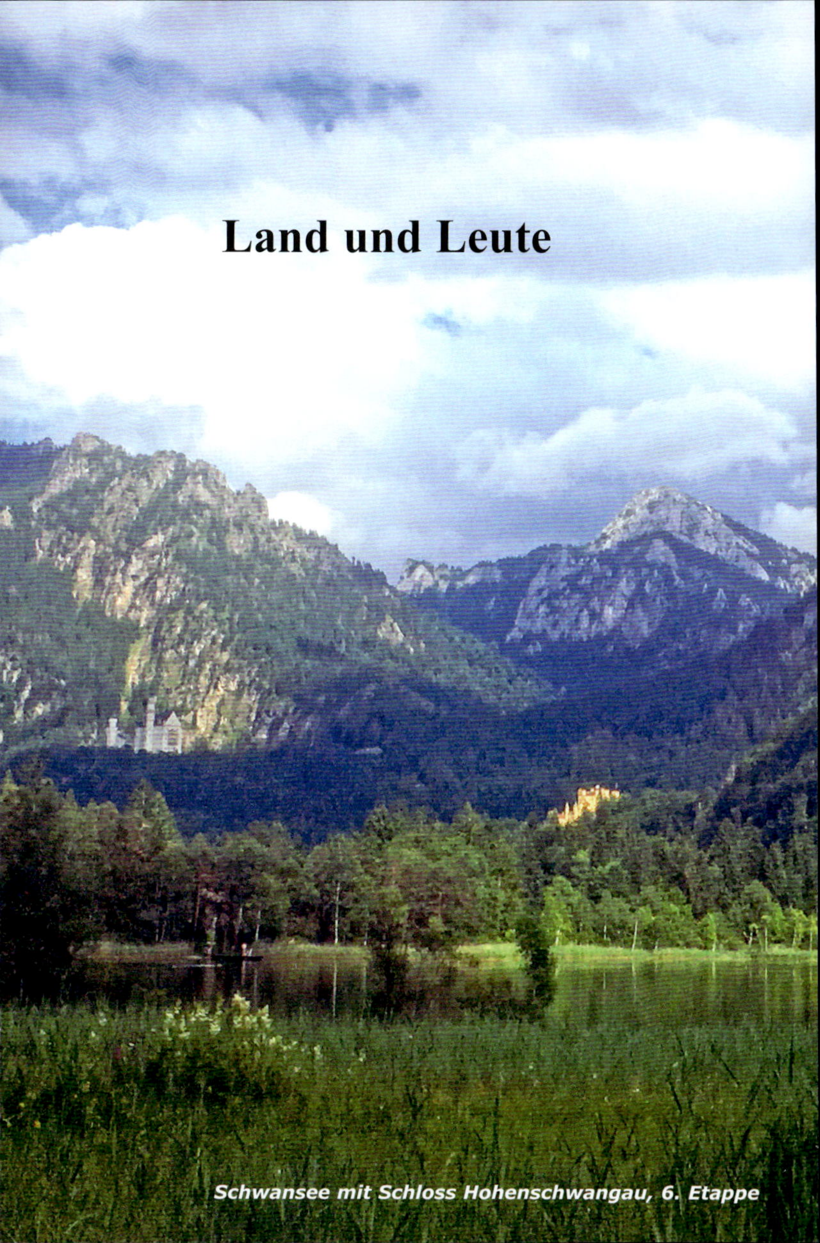

Schwansee mit Schloss Hohenschwangau, 6. Etappe

Die Leute

Die Bayern sind aus dem Volk der Bajuwaren hervorgegangen. Auch Österreich und Teile von Südtirol gehörten zum früheren Herzogtum Bayern. Noch heute pflegen die Leute, vor allem auf dem Land, alte Traditionen. Mit Stolz tragen sie ihre Tracht. Die bayerische Lederhosen hat nicht erst seit dem Oktoberfest Berühmtheit erlangt. Zum Sonntagskirchgang und zu Feierlichkeiten trägt Mann Lederhosen. Das fesche Madl an seiner Seite begleitet ihn im Dirndl.

Die Bayern zeichnet eine ausgesprochene Gastfreundlichkeit aus. Ihre weit über die Landesgrenzen hinaus bekannten „Schmankerl", wie zum Beispiel der Kaiserschmarren, sind einfach nur lecker! Auch wenn es sich in manchen Regionen Bayerns so anhört, Bayerisch ist keine Fremdsprache!

Die Landschaft und Kultur

Starnberger See

Die Formung des über 130 m tiefen Seebeckens vom Würmsee, wie der Starnberger See früher hieß, geht auf die Riß-Eiszeit zurück. Vor mehr als 200.000 Jahren drangen damals die Gletscher von den Alpen bis nach München vor. Findlinge, große Gesteinsblöcke, sind ein Relikt aus dieser Zeit. In der Gemeinde Berg führt der König-Ludwig-Weg entlang der Nagelfluhwand, die durch eine Eiszeit vor ca. 400.000 Jahren entstanden ist.

Mit Ihrer Wanderung umrunden Sie das Nordufer des Sees und kommen durch Starnberg. Die Stadt wurde bereits im 13. Jh. urkundlich erwähnt. Das Wahrzeichen, die St.-Joseph-Kirche, ist schon vom Seeufer aus zu sehen und bietet im Inneren wertvolle Einblicke in die Kunstepoche des Rokokos.

Fünfseenland

Das Fünfseenland – benannt nach den fünf Seen: Starnberger See, Ammersee, Wörthsee, Pilsensee und Weßlinger See – ist ein Freizeit- und Ferienparadies. Klare Seen laden zum Baden ein und im Winter zum Eislaufen. Hier befindet sich Deutschlands längste Seepromenade in Herrsching, über 100 km Seeufer, Deutschlands höchste Golfplatzdichte, ein Teilstück des Jakobsweges, der älteste Wallfahrtsort Bayerns in Andechs und die größte konzernunabhängige Klosterbrauerei Deutschlands sowie das UNESCO-Weltkulturerbe Roseninsel im Starnberger See.

Die Bayerische Seenschifffahrt von Starnberger See und Ammersee laden zu genussreichen Kreuzfahrten ein. Prunkvolle Schlösser und elegante Villen und ein Alpenpanorama mit Zugspitzblick der Sonderklasse prägen das Erscheinungsbild rund um den Starnberger See.

Den Ammersee können Sie mit einem der nostalgischen Schaufelraddampfer zum Beispiel auf dem Teilstück des König-Ludwig-Weges von Herrsching nach Dießen überqueren. Die Gegend um den Ammersee ist eher von einem dörflichen Charakter geprägt. Alte Bauernhäuser und die Künstlerateliers sind besonders sehenswert. Der Marienmünster am südlichen Ende des Ammersees in Dießen ist eines der gelungensten Kirchenbauten des Barocks.

Der Pfaffenwinkel

Der Weg durchläuft große Teile des Pfaffenwinkels, zwischen den Flüssen Lech und Loisach. Erstmals im 18. Jh. wurde dieser Begriff durch einen Geschichtsschreiber als „Ecke der Mönche" erwähnt. Tatsächlich ist in dieser Region die Kloster- und Kirchendichte besonders hoch. Daher rührt wohl auch der Name. Neben den Klöstern Wessobrunn, Rottenbuch und Steingaden finden sich hier viele barocke Kirchen. Viele Künstler und Kunsthandwerker haben hier ihr Können demonstriert. Ein besonderes Rokoko-Juwel ist die Wieskirche. Hier haben die Baumeister, Stuckateure, Maler und Bildhauer ihrem Talent freien Lauf gelassen. Seit 1983 ist die Kirche in der Liste des UNESCO-Weltkulturerbes aufgenommen.

Das Brauchtum, wie zum Beispiel das Maibaumaufstellen, Frühschoppen mit Weißwürsten und echter bayerischer Blasmusik und eine Brotzeit im Biergarten, ist ein absolutes Muss. Die Liebe zur Tracht und zu alten Ritualen wird noch heute gepflegt. Die Kulturlandschaft Pfaffenwinkel ist untrennbar mit der bäuerlichen Tradition verbunden. Wer Sommerfrische auf dem Bauernhof genießen möchte, ist hier genau richtig.

Die Landschaft im Pfaffenwinkel ist gekennzeichnet von sanften Hügeln und Mooren. Das Naturschutzgebiet der Osterseen mit vielen Seen und Moorgebieten lässt sich auf vielfältigen Wanderwegen erkunden. Die Mystik des Paterzeller Eibenwaldes ist weithin bekannt und der große Bestand an über 100 Jahre alten Eiben ist sehenswert.

Ostallgäu

Dem Hochgebirge mit über 2.000 m hohen Gipfeln ist eine Tallandschaft auf rund 800 m Meereshöhe vorgelagert. Mit einer Großkabinenbergbahn werden Sie bequem auf 1.730 m Höhe auf den Tegelberg gebracht und erreichen in direkter Nähe zum Schloss Neuschwanstein das Tor zum Naturschutzgebiet Ammergebirge – ein Eldorado für Wanderbegeisterte. In den Tälern finden sich wilde Flusslandschaften und artenreiche Bergmischwälder. Das Naturschutzgebiet Bannwaldsee mit rund 560 m^2 Fläche umfasst neben dem Bannwaldsee auch Moorgebiete, Wälder und Streuobstwiesen.

Am Ende des Weitwanderweges nach der 6. Etappe gelangen Sie nach Füssen. Die Stadt kann auf eine über 700-jährige Stadtgeschichte zurückblicken, die bis in die Römerzeit zurückgeht. Die Via Claudia Augusta – der Handelsweg von Norditalien nach Augsburg – führte durch Füssen. Heute treffen hier neben der Via Claudia Augusta auch die Deutsche Alpenstraße und die Romantische Straße zusammen.

In Füssen warten neben einer guten bayerischen Küche und Einkaufsgelegenheiten vor allem kunsthistorische „Schmankerl" und Sehenswürdigkeiten auf Sie wie zum Beispiel das Hohe Schloss mit Gemäldegalerie, das Benediktiner Kloster St. Mang, die Heilige-Geist-Spitalkirche, das Franziskanerkloster und das Museum der Stadt Füssen. Außerdem ist der Lechfall ein absolutes Naturschauspiel, was Sie sich nicht entgehen lassen sollten.

Geschichte

König Ludwig der II., in Bayern liebevoll „da Kini" genannt, wurde am 25. August 1845 auf Schloss Nymphenburg in München geboren. Er war ein Nachkomme des berühmten Adelsgeschlechts der Wittelsbacher. Seine Eltern waren der bayerische Kronprinz Maximilian und Prinzessin Marie Friederike von Preußen.

Wer war König Ludwig II.? Er war ein kreativer, künstlerisch hochbegabter Mensch mit viel Neugier, Stil und Fantasie. Er hatte Freude am Immer-neu-Entdecken und schuf mit seinen weltbekannten Schlössern Neuschwanstein, Linderhof und Herrenchiemsee wahre Meisterwerke. Die Umstände seines Todes im Starnberger See sind bis heute ungeklärt. Über seine homosexuelle Neigung wird gemutmaßt. Seine Traumwelten mochte er lieber als das Regieren und sein Lebenswandel war kostspielig. Im Laufe seines Lebens zog er sich mehr und mehr von den Regierungsgeschäften zurück in die Einsamkeit auf sein „Märchenschloss". Mit Wagner und „Sisi" hielt er lebenslang Freundschaft. Er war ein König des Theaters, Bauherr und Visionär.

Ludwig II. wuchs mit seinem jüngeren Bruder Otto vorwiegend auf dem Sommerschloss seiner Eltern, in Hohenschwangau bei Füssen, auf, wo er durch die Wandmalereien aus der Geschichte des Schwanenritters Lohengrin und mit der Nibelungen- und Tannhäusersage bereits als Kind in die mittelalterliche Sagen- und Ritterwelt eintauchte. Diese sollte ihn Zeit seines Lebens inspirieren und Anregungen für seine späteren Bauwerke liefern. Der Schwan war neben dem Pfau Ludwigs Lieblingstier. Ludwig II. war ein großer Gönner von Wagner. 1864 begann eine enge Freundschaft, die in die Musikgeschichte einging. Obwohl es ausreichend Meinungsverschiedenheiten zwischen Wagner und dem König gab, blieb Ludwig II. dem Komponisten zeitlebens treu und als Mäzen verbunden.

Nach dem Tod seines Vaters mit 53 Jahren bestieg Ludwig 1864 den bayerischen Thron als König Ludwig II. im jungen Alter von 19 Jahren. Er bewohnte zu der Zeit die Residenz am Hofgarten in München. Jedoch verweilte er mit der Zeit immer öfter außerhalb Münchens und lieber auf Hohenschwangau bei Füssen und Schloss Berg am Starnberger See, welches seit 1676 bis heute im Besitz der Wittelsbacher ist. Die Verbindung zur bayerischen Landeshauptstadt wurde mittels Telegrafenleitung aufrechterhalten und die Regierungsgeschäfte so sichergestellt.

Nach dem verlorenen Krieg gegen Preußen an der Seite Österreichs musste Ludwig II. kapitulieren.

1870 ließ sich Ludwig II. von Bismarck, der als Gründer des Deutschen Reiches in die Geschichte einging, zu einem Kaiserbrief überreden. Damit unterstützte er die Ernennung des preußischen Königs Wilhelm I. zum Deutschen Kaiser und dessen Proklamation. Dies bedeutete faktisch die Aufgabe der Souveränität Bayerns. Getrieben von der eigenen Finanznot sicherte sich Ludwig II. damit 6 Millionen und zusätzlich jährlich 300.000 Goldmark für seine Privatkasse. Dies blieb geheim und wurde erst nach Ludwigs Tod bekannt. Ludwig II. verwendete die Gelder zum Begleichen seiner Baukosten. Allein die Baukosten für Neuschwanstein beliefen sich auf über 6 Millionen Goldmark.

Nach der Grundsteinlegung von Schloss Neuschwanstein 1869 war das Schloss 1884 so weit fertiggestellt, dass es den König beherbergen konnte. Durch seinen frühen Tod blieb Ludwig II. nur 172 Nächte auf dem Märchenschloss, welches auch weit über seinen Tod hinaus eine Baustelle blieb. Noch heute sind von den weit über 100 geplanten Räumen Neuschwansteins kaum 40 vollständig fertiggestellt.

In der Nacht vom 12. auf 13. Juni 1886 soll Ludwig II. im Schloss Neuschwanstein überwältigt worden sein und er wurde in einer Kutsche nach Schloss Berg gebracht, um sich dort einer Behandlung zu unterziehen. Er wurde entmündigt und für regierungsunfähig erklärt. Am Abend des 13. Juli 1886 begab er sich mit seinem Leibarzt zu einem Spaziergang an den Starnberger See. Wenig später wurde er, zusammen mit Dr. Gudden, tot im knietiefen Wasser des Starnberger Sees gefunden. Es heißt, der Märchenkönig war ein guter Schwimmer. Die Umstände seines Todes sind bis heute umstritten. Sein Leichnam wurde zur letzten Ruhe in die Gruft der Kirche St. Michael in München überführt.

10 Jahre nach dem Tod Ludwig II. veranlasste der Prinzregent Luitpold den Bau einer Gedächtniskapelle. Am 13. Juni 1900 wurde diese Votivkapelle eingeweiht. Die Totenleuchte unterhalb der Kapelle wurde von Ludwigs Mutter gestiftet. Ein schlichtes Holzkreuz im See, an der ungefähren Todesstelle, erinnert an den tragischen Tod des Königs.

Reise-Infos von A bis Z

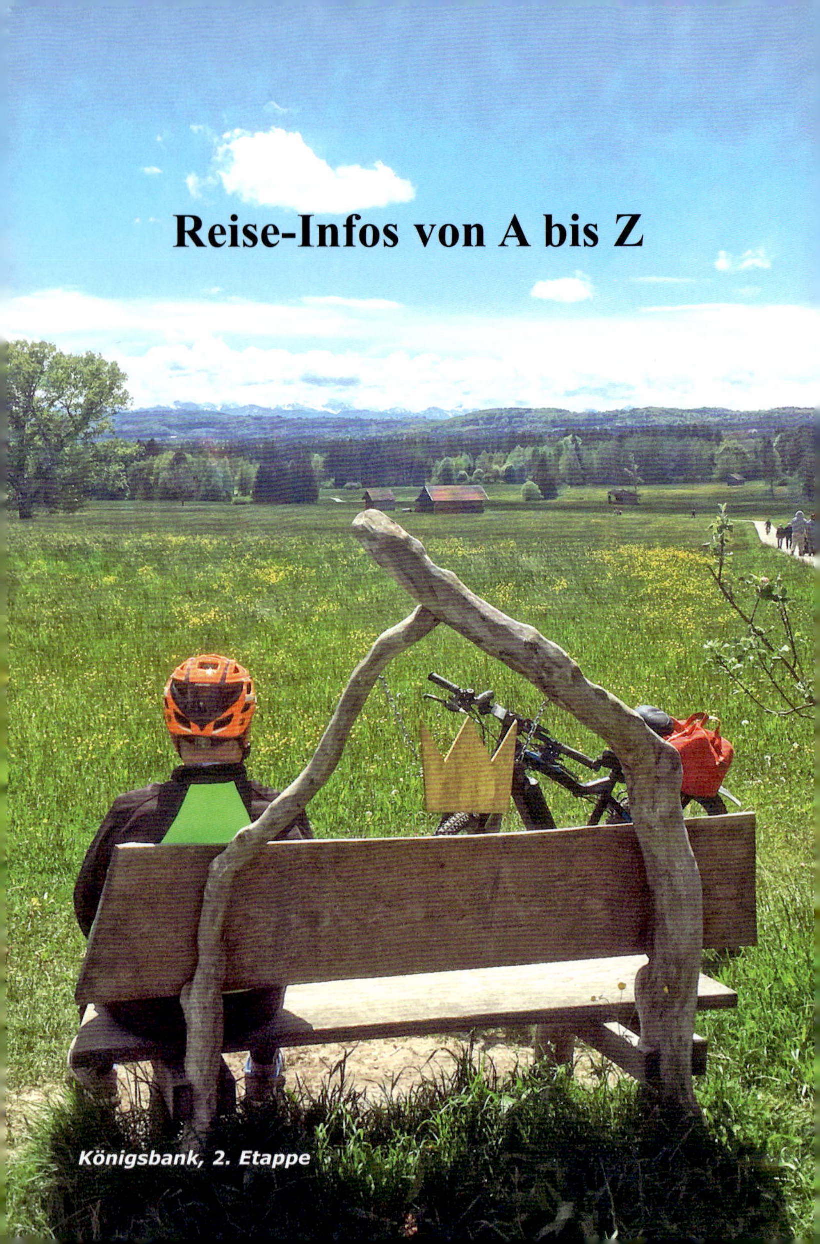

Königsbank, 2. Etappe

Anreise nach Berg

Mit dem Flugzeug

Flugverbindung z. B. mit der Lufthansa nach München gibt es von allen großen Flughäfen in Deutschland und natürlich auch aus dem Ausland. Vom internationalen Flughafen München fahren Sie mit einer der beiden S-Bahn-Linien in Richtung Innenstadt von München bis zum Marienplatz. Hier steigen Sie in die Linie S6 Richtung Tutzing ein (20-Minuten-Takt) und fahren bis zur Station „Starnberg Nord". Dort steigen Sie in die Buslinie 975 Richtung Wolfratshausen um. In Berg an der Haltestelle „Grafstraße" steigen Sie aus. Die Oskar-Maria-Graf-Straße gehen Sie bis zum Ende und queren dann die Wittelsbacherstraße. Ein kurzes Stück laufen Sie auf der kleinen Straße Am Hofgarten und erreicht dann den Eingang der Parkanlage. Von hier gehen Sie weiter geradeaus und erreichen nach ca. 500 m die imposante Votivkapelle.

Mit der Bahn

Der Hauptbahnhof München ist an das Fernnetz der Deutschen Bahn angebunden. Von allen deutschen Großstädten aus bestehen ICE-Verbindungen. Auch von Österreich, Schweiz und Norditalien aus bestehen gute Bahnverbindungen. Innerhalb Bayerns können Sie mithilfe der Reiseauskunft „Bayerninfo" alle Verkehrsverbindungen planen.

💻 www.bayerninfo.de

Vom Hauptbahnhof München nehmen Sie die S-Bahn-Linie S6 Richtung Tutzing (20-Minuten-Takt) und fahren bis zur Station „Starnberg Nord". Dort steigen Sie in die Buslinie 975 Richtung Wolfratshausen um. In Berg an der Haltestelle „Grafstraße" steigen Sie aus. Die Oskar-Maria-Graf-Straße gehen Sie bis zum Ende und queren dann die Wittelsbacherstraße. Ein kurzes Stück laufen Sie auf der kleinen Straße Am Hofgarten und erreicht dann den Eingang der Parkanlage. Von hier gehen Sie weiter geradeaus und erreichen nach ca. 500 m die imposante Votivkapelle.

Mit dem Auto

Aus allen Himmelsrichtungen führen die Autobahnen nach München:

- ▷ A96 aus Richtung Süden bzw. Lindau
- ▷ A8 aus Richtung Westen bzw. Stuttgart
- ▷ A9 aus Richtung Norden bzw. Berlin
- ▷ A94 aus Richtung Osten bzw. Passau

Von München aus gelangen Sie über die A95 München – Garmisch bis zur Ausfahrt Starnberg und dann weiter Richtung Percha/Seeshaupt. Durch Percha und Kempfenhausen führt die Straße nach Berg. In Berg biegen Sie in die Grafstraße ein. Einige wenige Parkplätze sind verfügbar, zumeist ausgeschildert und gebührenpflichtig. Von dort weiter zu Fuß folgen Sie der Beschilderung zur Votivkapelle.

Besser ist es, den Pkw auf den Park&Ride-Parkplätzen bzw. Parkhäusern rund um München abzustellen, z. B. Messestadt Ost oder Fröttmaning. Von dort aus geht es mit der S-Bahn weiter zum Ausgangsort. Um die Linie S6 in Richtung Start der Tour in Berg zu erreichen, müssen Sie bis zum Marienplatz oder Hauptbahnhof gelangen und steigen dort um und fahren wie oben beschrieben weiter. Von Fröttmaning führt die Linie U6 bis zum Marienplatz. Von Messestadt Ost nehmen Sie die Linie U2 bis zum Hauptbahnhof.

Abreise von Füssen

Mit der Bahn erreichen Sie von Füssen aus das Fernnetz der Deutschen Bahn. Sie erreichen mehrmals täglich in zwei Stunden München. Über München-Pasing gelangen Sie mit der S6 in Richtung Tutzing nach Starnberg Nord. Von dort aus fährt der Bus weiter nach Berg am Starnberger See, dem Ausgangspunkt der Wanderung.

Weitere Infos und Verbindungen unter 💻 www.bahn.de. Für den Fall, dass Sie kürzere Abschnitte des Weges gehen wollen, sind die wichtigsten Zug- und Busverbindungen bei den einzelnen Etappen angegeben. Über 💻 www.bayerninfo.de und die entsprechende App finden Sie weitere Informationen.

Ausrüstung

Um die Wanderung in vollen Zügen genießen zu können, wird ein guter, bequemer, eingelaufener Trekkingschuh empfohlen. Laufen Sie nicht mit neuen Schuhen oder Kleidern. Blasen an den Füßen sind dann vorprogrammiert. Schlecht verarbeitete Kleidernähte sind unangenehm.

Der Rucksack sollte Stauraum für ca. 60 Liter beinhalten, einen Hüftgurt haben und ebenfalls gut sitzen. Vom Gewicht her sollten Sie bedenken, dass Sie den Rucksack den ganzen Tag auf den Schultern haben. Daher empfehle ich Ihnen maximal **8 kg Packgewicht**. Je leichter der Rucksack, desto leichter der Wanderweg. Das Gewicht des Rucksacks sollte nicht auf den Schultern, sondern auf dem straff gespannten Hüftgurt liegen. Bedenken Sie auch, dass sich ein gut gepackter Rucksack leichter trägt.

Empfehlenswert sind auch leichte Trekkingstöcke und ein kleiner Schirm. In jedem Fall benötigen Sie einen Regenschutz für den Rucksack und eine entsprechende Jacke oder Cape.

Alles, was in den Rucksack kommt, wird in Plastikbeutel (z. B. 1- bis 3-Liter-Gefrierbeutel) gepackt. So ist das Gepäck zusätzlich gegen Regen geschützt und im Rucksack herrscht eine angenehme Ordnung. Sachen, die wenig bzw. nur einmal am Tag gebraucht werden, wie Kleidung für die Übernachtung und Kosmetik, kommen ganz nach unten in den Rucksack. Wanderkarte/-Buch, Geldbörse, Handy liegen am besten im Deckel- oder Seitenfach. Die mindestens 1-Liter-Trinkflasche – aus leichtem, bruchfestem Material – sollte immer griffbereit im Seitenfach stecken.

Als Outdoor-Bekleidung empfehle ich Wäsche mit einem hohem Merinowollanteil. Das hat den Vorteil, dass diese Wäsche sich angenehm trägt, leicht ist und unangenehme Gerüche kompensieren kann. Dann reicht einmal Wechselbekleidung. Eine bequeme Wanderhose, die leicht trocknet und über Reißverschlüsse zur kurzen Hose umfunktioniert werden kann, ist sehr praktisch.

Lassen Sie sich gern in Sport- und Outdoor-Geschäften beraten und probieren Sie die Ausrüstung aus.

Nehmen Sie wenig Kleidung mit. Fast überall kann man seine Wäsche zumindest notdürftig waschen. Im Sommer sollten Sie Badesachen nicht vergessen. Für die persönliche Hygiene: schnell trocknendes Trekking-/Mikrofaserhandtuch, feuchte Tücher, Desinfektionsmittel, OP-/FFP2-Masken und Reisegrößen für Ihre persönliche Kosmetik. Weitere Informationen folgen in der Packliste.

Packliste

- ☐ Rucksack mit Regenhülle
- ☐ eingelaufene Trekking-/Bergschuhe
- ☐ lange Berghose/Zipp-off-Wanderhose
- ☐ Funktionsunterwäsche
- ☐ warmes Fleece-/Langarm-Shirt
- ☐ Regenjacke/-cape
- ☐ Wandersocken und Wechselsocken (Merino)
- ☐ Badeschlappen
- ☐ Sonnenschutzcreme, Sonnenbrille
- ☐ Kopfbedeckung
- ☐ ggf. dünne Handschuhe, Mütze
- ☐ bequeme Jogging-/Gymnastikhose (auch für die Übernachtung als Schlafhose)
- ☐ leichte, faltbare Wanderstöcke

- ☐ Waschbeutel mit individueller Kosmetik (Reisegrößen), Zahnbürste, Reisewaschmittel
- ☐ kleines Mikrofaserhandtuch
- ☐ ggf. Badekleidung
- ☐ Blasenpflaster, kleine Reiseapotheke, kleines Verbandsset
- ☐ Plastiktüten zum Verpacken von Kleidung, Ausrüstung und Müll
- ☐ Taschentücher, feuchte Tücher
- ☐ Desinfektionsmittel
- ☐ ggf. Masken
- ☐ Handy und Ladegerät, ggf. Kamera, Speicherkarte, Power-Bank etc.
- ☐ ggf. Insektenschutz
- ☐ kleines Taschenmesser
- ☐ Personalausweis, Bargeld, Geld-/Kreditkarten
- ☐ Trinkflasche, mindestens 1 Liter, wiederauffüllbar
- ☐ Brotzeit/Müsliriegel für den Notfall
- ☐ Pinzette, kleine Schere
- ☐ Taschenlampe (oder Handy-Taschenlampe)
- ☐ Sicherheitsnadeln, Karabiner als Befestigungsmöglichkeit am Rucksack, z. B. für feuchte Wäsche
- ☐ kleiner, leichter Regenschirm
- ☐ für Reisetagebuch: Schreibzeug, kleines Notizbuch
- ☐ ggf. Feuerzeug und ein paar Teelichter

Bademöglichkeit

Ihre Badesachen sollten Sie in jedem Fall dabeihaben! Immer wieder bieten sich unterwegs vor allem in der warmen Jahreszeit vielfältige Möglichkeiten, das kühle Nass auszuprobieren und zu genießen. Nicht immer gibt es ein Strandbad, dafür aber bequeme Einstiegsstellen in die Seen: Starnberger See in Berg, Kempfenhausen, Starnberg, Maisinger See, Ammersee in Herrsching und in Dießen, Kühmoossee, Hegratsrieder Weiher, Forggensee, Alpsee, Schwansee.

Einkaufen

Im Wegverlauf erreichen Sie immer wieder Städte und Dörfer, wo Sie sich mit Waren des täglichen Bedarfs und Snacks sowie Getränken eindecken können. Die Öffnungszeiten sind zumeist von 9:00 bis 18:00 Uhr. Bitte beachten Sie, dass vor allem kleinere Geschäfte eine Mittagspause einlegen und schließen.

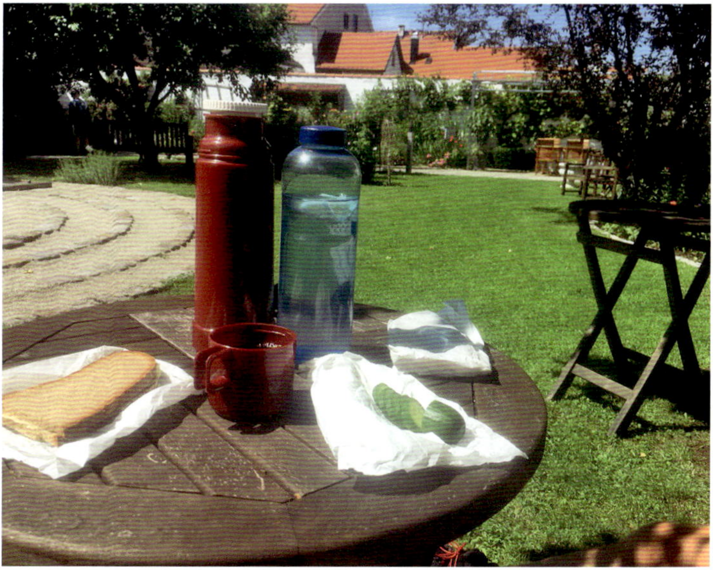

Brotzeit im Klostergarten Stangaden

Einkehren & Verpflegung

Die bayerische Gastfreundlichkeit und der kulinarische Genuss sind längst über die Landesgrenze hinaus bekannt. So gibt es auch entlang des König-Ludwig-Weges ausreichend Lokalitäten, Biergärten und Cafés, die zu einer gemütlichen Rast einladen. Lassen Sie sich verwöhnen von typisch bayerischen Gerichten wie Kaiserschmarren, Schupfnudeln und Schweinshaxen. In den typisch bayerischen Biergärten ist es sogar teilweise erlaubt, seine eigene Brotzeit mitzubringen.

Hinweise auf Gastronomie vor Ort, zu Öffnungszeiten und Ruhetagen finden Sie jeweils direkt bei den einzelnen Wanderetappen. Bitte erkundigen Sie sich jedoch vor Reiseantritt über die aktuell geltenden Regelungen und evtl. Betriebsschließungen aufgrund der Auswirkungen der Coronakrise.

An jedem Etappenziel gibt es Einkehrmöglichkeiten, die bei der jeweiligen Etappe beschrieben sind. Sie erkennen dies am Symbol ✕ bzw. ☕. Für unterwegs bietet es sich jedoch an, eine Brotzeit bzw. ein Lunchpaket einzupacken. Fragen Sie auch gern in der Unterkunft danach.

Etappenplanung

Der König-Ludwig-Weg wird in diesem Wanderführer in 6 Etappen beschrieben, sodass geübte Wandernde täglich durchschnittlich 20 km zu bewältigen haben. So bleibt noch etwas Zeit für bayerische Kulinarik und Kunstgenuss am Wegesrand.

Die Etappeneinteilung orientiert sich an der offiziellen Etappenplanung vom Tourismusverband Pfaffenwinkel. Im Aufstieg sind rund 1.700 m zu bewältigen, im Abstieg sind es nahezu 1.500 m. Bei jeder Etappe ist mindestens eine Übernachtungsmöglichkeit angegeben. Am Anfang jeder Etappe finden Sie eine Auflistung wichtiger Punkte wie Sehenswürdigkeiten, Einkaufsmöglichkeiten, Cafés und Restaurants.

Natürlich können die Etappen beliebig verkürzt oder erweitert werden. Oft finden Sie am Weg in weiteren Ortschaften Möglichkeiten zum Übernachten, sodass eine individuelle Einteilung der Etappen möglich ist.

Falls Sie nur einzelne Etappen laufen wollen, ist auch das möglich. Der Weg ist in beide Richtungen markiert und kann dementsprechend von Norden nach Süden oder auch von Süden nach Norden erwandert werden. Im Buch wird die Variante vom Norden nach Süden beschrieben. Diese ist für mich die reizvollere Strecke, da die Bergkette des Ostallgäus immer im Blick ist.

Geld/Geldautomaten

Im Wegverlauf erreichen Sie immer wieder Städte, wo Geldautomaten verschiedener Banken und Sparkassen verfügbar sind.

☺ Trotzdem empfiehlt es sich, auch eine kleinere Menge Bargeld dabeizuhaben.

Gepäcktransport

Wandern auf leichten Füßen und ohne Rucksack – sofern Sie das wirklich wollen, übernimmt die Firma Alpentouristik in Landsberg den Transport Ihres Gepäcks. Wenn Sie die Übernachtungsorte und die Zahl der Teilnehmenden angeben, erhalten Sie ein individuelles Angebot.

♦ Alpenlandtouristik, Berthold Jetschke, Postfach 10 13 13, 86883 Landsberg,
📱 01 71/386 67 76, ✉ info@alpenlandtouristik.de,
💻 https://www.radl-post.de/Gepaecktransporte,KurierdienstOberbayernRadtouren.htm
oder 💻 www.alpenlandtouristik.de

Informationen/Tourismusverbände

Allgemeine Informationen, Auskünfte und Prospekte sowie Hinweise auf Übernachtungsmöglichkeiten erhalten Sie von den regionalen Tourismusverbänden vor Ort:

- Tourist-Information Starnberg, Hauptstraße 1, 82319 Starnberg, ☎ 081 51/906 00, touristinfo@starnbergammersee.de, www.starnbergammersee.de, Mai bis September Montag bis Freitag 9:00-18:00, Samstag 10:00-13:00, Oktober bis April Montag bis Freitag 8:30-17:00
- ♦ Tourist-Information Herrsching am Ammersee, Bahnhofsplatz 3, 82211 Herrsching, ☎ 081 51/90 60 40, touristinfo@starnbergammersee.de, www.starnbergammersee.de, Mai bis September Montag bis Freitag 9:00-13:00 sowie 14:00-18:00, Samstag 10:00-13:00, Oktober bis April Montag bis Freitag 10:00-13:00 sowie 13:30-16:00
- Tourist-Information Dießen am Ammersee, Bahnhofstraße 15, 86911 Dießen, ☎ 081 51/90 60 10, diessen@starnbergammersee.de, www.starnbergammersee.de, Mai bis September Montag bis Freitag 9:00-12:00 sowie 14:00-17:30, Samstag 10:00-13:00, Oktober bis April Montag bis Freitag 10:00-12:30 sowie 14:00-16:00
- ♦ Tourismusverband Pfaffenwinkel, Bauerngasse 5, 86956 Schongau, ☎ 088 61/77 73, info@pfaffen-winkel.de, www.pfaffen-winkel.de, Montag bis Freitag 8:00-12:00 sowie Montag bis Donnerstag 13:30-17:00
- ♦ Tourist-Information Füssen, Kaiser-Maximilian-Platz 1, 87629 Füssen, ☎ 083 62/938 50, tourismus@fuessen.de, www.fuessen.de/service/tourist-informationen.html, Montag bis Freitag 9:00-17:00 sowie Samstag 9:00-12:00

Karten und GPS

Folgende Umgebungskarten vom Bayerischen Landesamt für Digitalisierung, Breitband und Vermessung stehen für den Wegverlauf im Maßstab 1:50.000 in der jeweils aktuellen Auflage zur Verfügung:

- ▷ UK50-41: Ammersee – Starnberger See – München Süd
- ▷ UK50-49: Pfaffenwinkel –Ammergauer Alpen Nord
- ▷ UK50-39: Kaufbeuren
- ▷ UK50-48: Füssen

Karten vom Kompass-Verlag:

- ▷ Nr. 180: Starnberger See, Ammersee
- ▷ Nr. 179: Pfaffenwinkel, Schongau, Weilheim i. OB
- ▷ Nr. 5: Wettersteingebirge, Zugspitzgebiet

☺ Die Kartenempfehlungen wurden von der Geobuchhandlung Kiel überprüft. 💻 www.geobuchhandlung.de

Die GPS-Tracks zum beschriebenen Wegverlauf können Sie von den Internetseiten des Verlages (www.conrad-stein-verlag.de) herunterladen.

📖 Tipps zum Umgang mit dem GPS-Gerät finden Sie in dem Ratgeber „**GPS** – Grundlagen · Tourenplanung · Navigation“ von Michael Hennemann, Conrad Stein Verlag, ISBN 978-3-86686-495-5, € 9,90.

Klima und Reisezeit

Von April bis Oktober kann der Weg gut begangen werden. Der Rest des Jahres ist je nach Witterung nur bedingt geeignet. Im Hochsommer können leicht Temperaturen von über 35 Grad erreicht werden. Bitte planen Sie dies mit ein und vermeiden Sie Wanderungen in der größten Mittagshitze.

Süddeutschland gehört zu den meist schneereichen Gegenden. So kann es über Nacht auch schnell mal 20 cm Neuschnee geben und die Wanderwege werden in der Regel nicht geräumt und sind damit nicht begehbar. Die Ammerschlucht ist nur bei trockenem Wetter empfehlenswert und bedarf erhöhter Aufmerksamkeit beim Durchwandern.

Literaturtipps

- ▷ Pfaffenwinkel, Fünfseenland, Ammersee, Starnberger See: KOMPASS-Wanderführer, Band 5433, 2019, ISBN-13 978-3990441428
- ▷ König Ludwig II. von Bayern und seine Schlösser, Paul Wietzorek, 2011, ISBN-13 978-3865686831
- ▷ Die phantastische Welt des Märchenkönigs: Ludwig II. – Biografie, Klaus Reichold & Thomas Endl, 2017, ISBN-13 978-3944936338

Medizinische Versorgung

Kleinere Wunden desinfizieren und versorgen Sie am besten selbst (Hautdesinfektion, (Blasen-)Pflaster etc.). Sie kommen entlang der Wanderung immer wieder durch Städte und Dörfer. Dort finden Sie ärztliche Versorgung und Apotheken. In Starnberg und Füssen gibt es Krankenhäuser. Der ärztliche Bereitschaftsdienst ist im Notfall bundesweit über die Rufnummer ☏ 116 117 zu erreichen. Die Notrufnummer der Leitstelle ist die ☏ 112.

☺ Ihr Handy sollten Sie so verstauen, dass Sie immer leicht Zugang haben.

Achten Sie darauf, ausreichend zu trinken – mindestens 2 Liter, in den Sommermonaten mehr wegen des Wasserverlusts durchs Schwitzen. Das Alpenvorland ist als Zeckengebiet ausgewiesen.

Achten Sie insbesondere beim Verweilen auf den Wiesen und im Wald auf ausreichend Zeckenschutz.

Pandemie

Seit 2020 ist alles anders. Die Pandemiesituation aufgrund von Covid-19 erfordert Flexibilität und ein Mehr an Recherche und Nachfragen. Für Sie bedeutet das, dass Sie sich bitte rechtzeitig vor Antritt Ihrer Wanderung direkt erkundigen, ob die geplanten Transporte, z. B. Schiff, Bahn, und die Beherbergung in Gasthöfen, Hotels etc. möglich sind.

Das betrifft auch die Restaurantöffnungszeiten. Bitte beachten Sie außerdem die vorgegebenen Hygienemaßnahmen und erkundigen Sie sich über aktuelle Bedingungen und Voraussetzungen (z. B. 3G etc.).

Radfahren

Der Weg ist als Weitwanderweg konzipiert. Einige Wegabschnitte sind mit dem Rad machbar. Dafür erforderlich ist in jedem Fall ein Trekkingrad oder Mountainbike. Bitte beachten Sie, dass die Wege teilweise zahlreiche Treppen enthalten und keine Umfahrung möglich ist. Teilweise sind es schmale Bergwege. Gerade nach Regengüssen lässt die Wegbeschaffenheit teilweise zu wünschen übrig. Die 2. Etappe kann per Rad durchgeführt werden. Die 6. Etappe ist ohne den Kalvarienberg bis Schwangau mit dem Rad befahrbar. Die 4. Etappe durch die Ammerschlucht ist in keinem Fall mit dem Rad möglich und ist sogar verboten. Alle anderen Etappen enthalten teilweise Treppen und die Wegbeschaffenheit ist für das Radfahren nicht geeignet.

Telefon/Internet

Der König-Ludwig-Weg läuft auch durch sehr waldreiches und ländliches Gebiet. Sie müssen damit rechnen, dass der Mobilfunkempfang teilweise sehr eingeschränkt bzw. gar nicht vorhanden ist. Je nach Anbieter kann sich der Empfang unterscheiden. In den Unterkünften wird zumeist WLAN angeboten.

Unterkunft/Übernachtung

Der gesamte Weg durchzieht drei Gebiete, die in Deutschland und der Welt als beliebte Urlaubsregionen bekannt sind. Bitte denken Sie daran, Ihre Quartiere rechtzeitig zu buchen. Hinweise auf Camping und Caravaning erhalten Sie bei den jeweiligen Tourismusverbänden. Jede der in diesem Buch beschriebenen Etappen endet an mindestens einer Übernachtungsmöglichkeit. In den größeren Orten werden exemplarisch ein paar Übernachtungsmöglichkeiten genannt, die für den Weg besonders günstig liegen. Bitte beachten Sie die jeweiligen Regelungen und Coronavorschriften vor Ort, am besten bereits direkt vor Reiseantritt (☞ Pandemie).

Updates

Der Conrad Stein Verlag veröffentlicht Updates zu diesem Buch, die direkt von der Autorin oder von den Lesern dieses Buches stammen. Sie finden diese auf der Verlagshomepage www.conrad-stein-verlag.de. Der abgebildete QR-Code führt Sie direkt dorthin.

Verkehrsmittel am Weg

Der König-Ludwig-Weg verläuft auch in sehr ländlichen Gegenden, in denen die Anbindung an den öffentlichen Nahverkehr nur eingeschränkt gewährleistet ist. In den Orten oder an größeren Straßen finden sich schon öfter Bushaltestellen. Zum Teil werden diese unterschiedlich frequentiert. Falls Sie während der Wanderung öffentliche Verkehrsmittel nutzen möchten, planen Sie das bitte rechtzeitig und sorgfältig vorher. Bei der Verbindungssuche helfen die Information im Internet:

www.bahn.de,

www.bayerninfo.de.

Schifffahrt

Die Schifffahrt im Fünfseenland verkehrt in der Regel von Anfang April bis Mitte Oktober. Bei Sturm, Nebel, Hochwasser und anderen unvorhersehbaren Ereignissen muss mit Verspätungen oder Ausfällen gerechnet werden. Bitte informieren Sie sich rechtzeitig direkt beim Anbieter der Schifffahrt Starnberger und Ammersee:

www.seenschifffahrt.de.

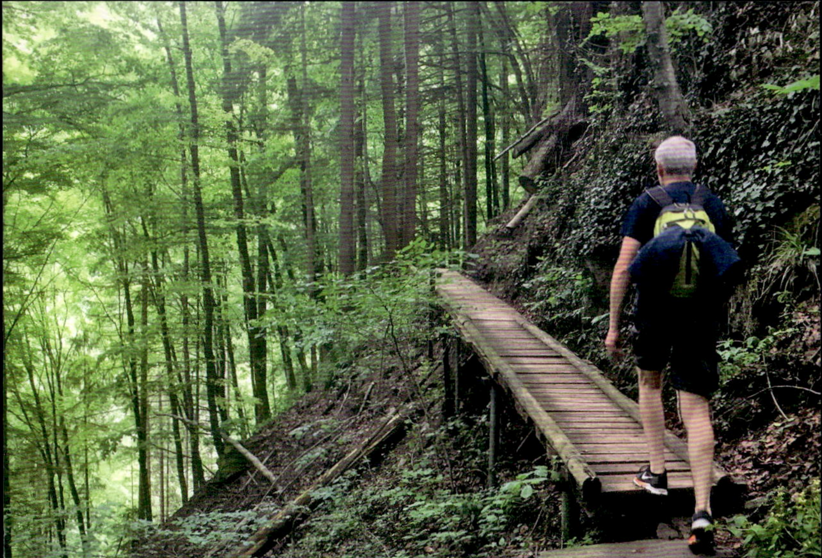

Die Wanderwege sind überwiegend gut begehbar

Wandern mit Hund

Der Weg ist mit einem Hund, der entsprechend geländegängig ist, machbar. Bitte denken Sie daran, dass in der Regel Leinenpflicht besteht. Erkundigen Sie sich bitte vorher in der geplanten Unterkunft, ob Haustiere erlaubt sind. Im Sommer denken Sie bitte an ausreichend Wasser und Trinkgefäß für Ihren Vierbeiner.

Wandern mit Kind

Der König-Ludwig-Weg ist ein Fernwanderweg. Die Wanderetappen sind lang und die Wegbeschaffenheit ist teilweise uneben, schmal und nicht immer bequem begehbar. Deshalb ist der Weg nicht für kleinere Kinder und auch nicht für Kinderwagen geeignet.

Wegbeschaffenheit

Der Weitwanderweg ist insgesamt mit der Kategorie „mittel" einzustufen. Die einzelnen Etappen sind durchschnittlich jeweils ca. 20 km lang und für geübte Wanderer gut machbar. Die Wanderwege verlaufen meist auf Forststraßen und Feldwegen und sind überwiegend gut begehbar.

Auf einzelnen Teiletappen sind es auch schmale Pfade und Bergwege, die besonders bei feuchtem Wetter zur Herausforderung werden können. Wandererfahrung und ausdauernde Kondition sind in jedem Fall erforderlich. Eine kürzere Streckenaufteilung ist möglich. Bitte beachten Sie auch, dass es am Weg viele sehenswerte Kulturgüter, Natur und gute Einkehrmöglichkeiten gibt. Deshalb lohnt es sich, mehr Zeit einzuplanen.

Bei Nässe besteht auf den Wanderwegen unter Umständen Rutschgefahr. Auf den Wegen finden sich teilweise Treppen, Wurzeln, Wegrinnen, Bohlen, Steige und Steine. Hier ist die Rutschgefahr besonders groß. Achten Sie auf entsprechendes Schuhwerk und ein angepasstes Wandertempo. Evtl. müssen Sie Ihre Reiseplanung witterungsbedingt anpassen.

In der Ammerschlucht ist besondere Aufmerksamkeit geboten.

Wegmarkierung

Der König-Ludwig-Weg ist mit einem „K“ mit Krone in blauer oder schwarzer Farbe auf weißem Grund markiert und zwar in beiden Richtungen. Es bietet sich an, den Weg wie beschrieben zu bewandern, sodass Sie auf das Hochgebirge zuwandern, mit immer wieder atemberaubenden Ausblicken.

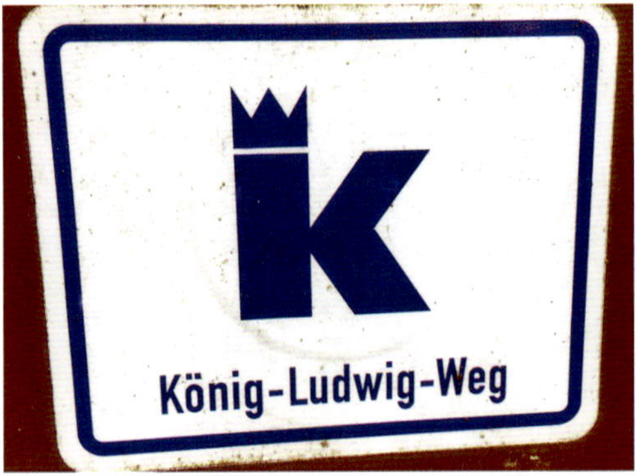

Wegmarkierung

Manchmal fehlen die Wegmarkierungen auch gänzlich oder ein großes „K“ ist an einen Baumstamm gemalt. In jedem Fall können Sie sich mithilfe dieses Wanderführers gut orientieren.

Der König-Ludwig-Weg

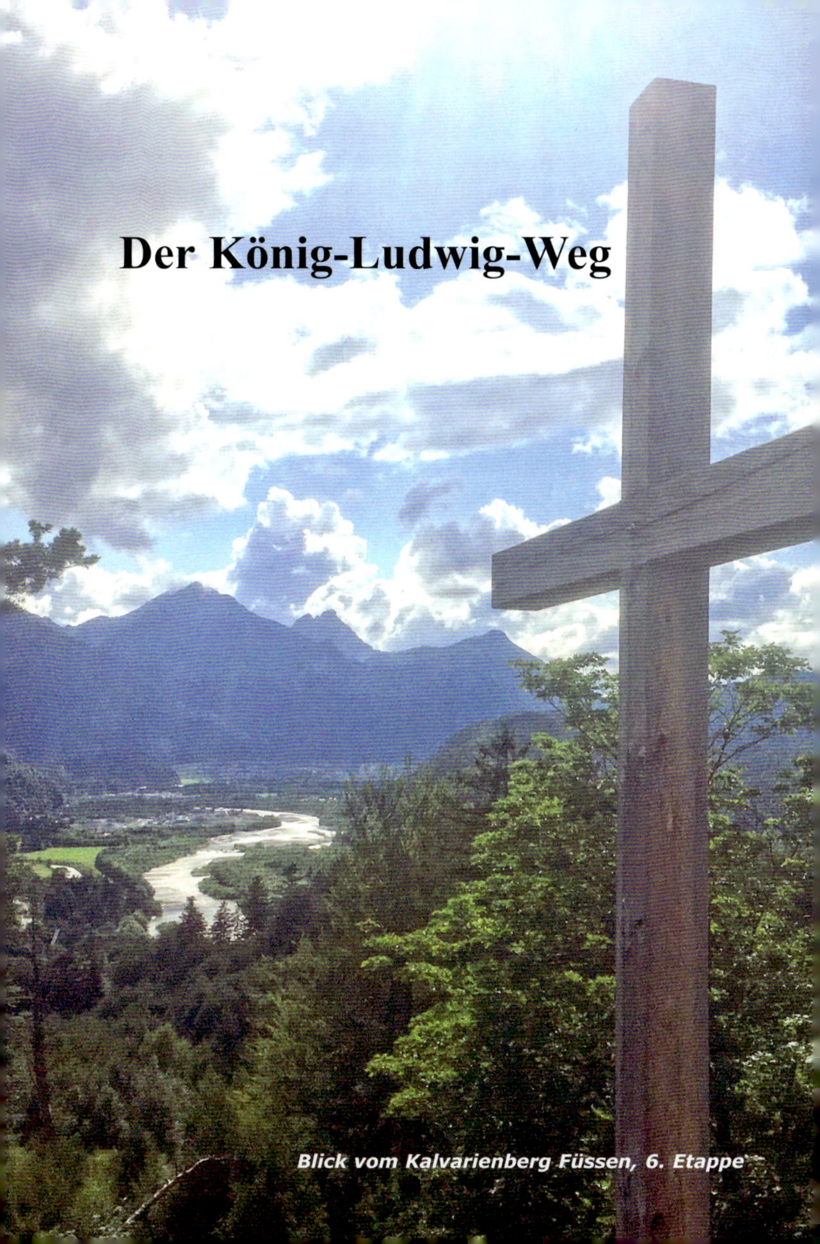

Blick vom Kalvarienberg Füssen, 6. Etappe

Berg

Hotel Schloss Berg, Ölschlag 9, 82335 Berg, ☎ 081 51/96 30, info@hotelschlossberg.de, www.hotelschlossberg.de, DZ ab € 84

♦ Seehotel Leoni, Assenbucher Straße 44, 82335 Berg am Starnberger See, ☎ 081 51/50 60, info@seehotel-leoni.com, https://www.seehotel-leoni.com, DZ ab € 159

Café Frühtau, Grafstraße 14, 82335 Berg, ☎ 081 51/97 14 80, Mittwoch bis Freitag, Sonntag 9:00-19:00, Samstag 9:00-16:00

Die Gründung der Gemeinde Berg geht bis auf das 6. Jh. nach Christus zurück. Im Gemeindegebiet gibt es mehrere historische Kirchen.

✝ Die wohl bekannteste ist die Wallfahrtskirche auf der Höhe von Aufkirchen. Von dort hat man einen weiten Ausblick auf Berge und den Starnberger See. Die Kirche ist mit ihrem Gnadenbild der Gottesmutter mit Kind aus der spätgotischen Zeit ein touristischer Anziehungspunkt.

♦ Wallfahrtskirche Aufkirchen, Lindenallee 2, 82335 Berg

Votivkapelle in Berg

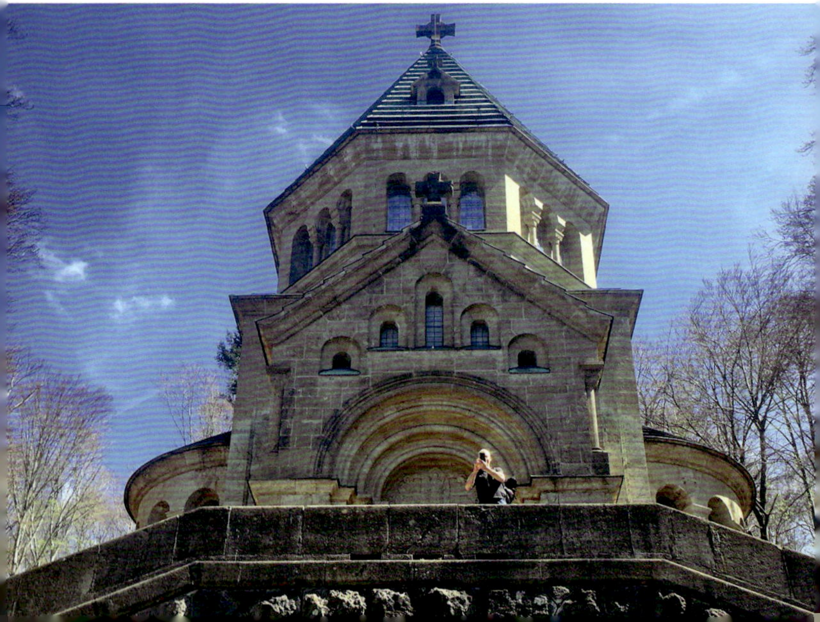

✞ Ein weiteres Kirchenhighlight ist die Schlosskirche St. Anna in Kempfenhausen. Sie erhielt 1774 eine reiche Rokokoausstattung durch den bedeutenden Rokokomaler Christian Wink. Wink gestaltete auch den Saal im Schloss Schleißheim und die Kirche St. Joseph in Starnberg.

♦ Schlosskirche St. Anna, Milchberg 11, 82335 Berg

♜ Adelsgeschlechter wie die Andechser und Wittelsbacher hatten hier in der Gegend um Berg ihre Herrenhäuser. Aus ihnen entstanden die Schlösser in Berg und Kempfenhausen. Das Schloss Berg befindet sich in Privatbesitz der Wittelsbacher und kann nicht besichtigt werden. Es wurde ca. 1486 als Herrenhaus errichtet. Über Jahrhunderte war es ein Repräsentationsort der bayerischen Kurfürsten. Anfang des 19. Jh. wurde der barocke Lustgarten des Schlosses auf Geheiß von König Max I. im Stil eines englischen Landschaftsparks umgestaltet. Dort finden sich heute die Gedenkstätten für König Ludwig II. und König Maximilian II. Ludwigs Vaters verhalf dem Schloss zu neuem Glanz. Er beauftragte Leo von Klenze mit den Umbauten.

Zu Ehren von Richard Wagner ließ Ludwig II. die Räume von Schloss Berg mit den Motiven aus den Opern von Wagner bemalen und 1865 den Isoldenturm anbauen. Die letzten Stunden seines kurzen Lebens stand der Märchenkönig entmündigt im Schloss Berg unter Hausarrest.

König Maximilian II. ließ auch eine Schiffsanlegestelle bei Schloss Berg errichten. Dort legte das Dampfschiff „Maximilian" an, mit dem er zur Roseninsel übersetzte. Auch Ludwig II. fuhr von hier aus zur Roseninsel. Die kleine Insel im Starnberger See gehört seit 2011 zum Weltkulturerbe der UNESCO. Sie war einer von Ludwigs Lieblingsplätzen. Dort traf er sich häufig mit seiner geliebten Cousine Sisi, der späteren Kaiserin Elisabeth von Österreich.

♜ Schloss Kempfenhausen, Milchberg 11, 82335 Berg

⌘ In Berg steht auch das Geburtshaus des Schriftstellers Oskar-Maria Graf. In Aufkirchen wurde ihm ein Denkmal mit Seeblick gesetzt.

⌘ Erwähnenswert sind auch die Reste von **Pfahlbauten** bei Kempfenhausen, die 1984 aus der Luft entdeckt wurden. Der Fundort lag ca. 5 m unter dem heutigen Wasserspiegel. Die Nachforschungen ergaben, dass hier bereits vor über 5.000 Jahren Besiedlungen stattfanden. Auch wurde ein sogenannter Einbaum aus Eiche von über 5 m Länge gefunden, den die Siedler als Fortbewegungsmittel auf dem Wasser verwendeten. Auch vor der Roseninsel wurden prähistorische Pfahlbauten aus dieser Zeit gefunden.

☺ Seit Anfang des 19. Jh. entstanden am Ostufer des Starnberger Sees eindrucksvolle Villen, die Sie auf Ihrer Wanderung entlang der Uferstraße in Richtung Starnberg bewundern können. Viele von ihnen sind denkmalgeschützt, wie zum Beispiel die Villa de Osa, Villa Friedländer oder Villa Seehaus.

1. Etappe: Von Berg über Starnberg und Andechs nach Herrsching und per Schiff nach Dießen

32,1 km (davon ca. 6,7 km Schifffahrt), 8 Std., ↑ 362 m, ↓ 428 m, ⇧ 531-712 m

0,0 km	⇧ 623 m	Berg (Votivkapelle)
0, 9 km	⇧ 601 m	Schloss Berg
5,8 km	⇧ 586 m	Starnberg (S-Bahnhof und Schiffsanlagestelle)
8,5 km	⇧ 640 m	Maisinger Schlucht
10,5 km	⇧ 647 m	Maising
11,5 km	⇧ 637 m	Maisinger See, Badeplatz
14,4 km	⇧ 647 m	Aschering Zentrum, Kirche St. Sebastian
20,8 km	⇧ 708 m	Andechs (Kloster Andechs)
25,4 km	⇧ 532 m	Herrsching (Dampfersteg und Seepromenade)
32,1 km	⇧ 536 m	Dießen (Dampfersteg)

Der Weg beginnt oberhalb der Votivkapelle in Berg, die zu Ehren von König Ludwig II. errichtet wurde. Er führt Sie entlang des Nordufers vom Starnberger See in das mondäne Seebad Starnberg. Weiter geht es durch die abenteuerliche Maisinger Schlucht, über Felder und Hügel mit Alpenblick, in den Wallfahrtsort Andechs. Hier können Sie gemütlich einkehren und das Klosterbier probieren. Die Besichtigung der Klosterkirche ist ein Muss. Anschließend gelangen Sie durch das wildromantische Kiental nach Herrsching. Von dort können Sie mit dem Schiff über den Ammersee bis nach Dießen übersetzen.

Bitte beachten Sie, dass das letzte Schiff gegen 19:00 von Herrsching nach Dießen ablegt und dass die Schiffe nur von Mitte April bis Mitte Oktober verkehren. Eine Beschreibung einer Alternative für den Fußweg über Land von Herrsching nach Dießen finden Sie im nachfolgenden Text zur Etappe.

Da die 1. Etappe jedoch sehr lang für den Einstieg ins Weitwandern ist, empfehle ich Ihnen, eine Verkürzung der Etappe. So können Sie zum Beispiel die Übernachtung in Andechs einplanen. Bitte erkundigen Sie sich in jedem Fall vorher über den genauen Schifffahrtfahrplan.

🚲 Die 1. Etappe ist für Radfahrer nicht geeignet.

✝ Votivkapelle

Der Onkel König Ludwigs II., Prinz Luitpold von Bayern, erteilte 10 Jahre nach dem Tod seines Neffen den Bauauftrag für die Gedächtniskapelle. Die Architektenbrüder Hoffmann und Professor August Spieß, der bereits auf Neuschwanstein gewirkt hatte, setzten den byzantinisch-romanischen Stil, den Ludwig II. so geliebt hat, um. Am 13. Juni 1900 wurde die Gedächtniskapelle geweiht. Die bayerische Königsfamilie und große Teile der Bevölkerung nahmen Anteil. Seither findet jeweils am Sonntag nach dem 13. Juni ein Gedenkgottesdienst vor Ort statt.

Im Inneren der Kirche sind die heilige Maria und Christus dargestellt. Die Kirche wurde unter den Schutz der Patrona Bavariae gestellt.

Seitlich vom Gitter der Kapelle finden sich zwei lateinische Inschriften. Die Übersetzung des Textes auf der linken Seite lautet: „Dem Gedächtnis Seiner Majestät Ludwig II., König von Bayern, errichtet, der nach 22-jähriger Regierung zur Trauer des Vaterlandes an dieser Stelle am 13. Juni 1886 aus dem Leben schied."

Der Text auf der rechten Seite wurde Prinz Luitpold gewidmet.

Oberhalb der Votivkapelle, quasi von der Rückansicht aus, halten Sie sich bitte links. Dort finden Sie auch eine große Infotafel, die den Gesamtweg mit den einzelnen Etappen samt kurzer Erläuterung mit Karte aufzeigt. Von hier aus wandern Sie ca. 600 m geradeaus durch die Parkanlage zum Parkausgang. Hier schließt sich die Straße Am Hofgarten an, die Sie geradeaus verlassen. Nach ca. 50 m findet sich eine Wegmarkierung.

Danach geht es links, bergab in Richtung See und entlang der Wittelsbacherstraße bis zur Seestraße. Kurz bevor die Wittelsbacherstraße in die Seestraße übergeht, kommen Sie vorbei am Schloss Berg ❶. Das Schloss befindet sich in Privatbesitz und kann leider nicht besichtigt werden. Die Seestraße macht nach kurzer Zeit eine Biegung nach links und verläuft ab dann parallel zum Starnberger See. Kurz nach der Straßenbiegung erreichen Sie die Schiffsanlegestelle am Hotel Berg in der Gemeinde Berg, die Wandernde nach Possenhofen bringt. So kann die Gesamtstrecke verkürzen werden.

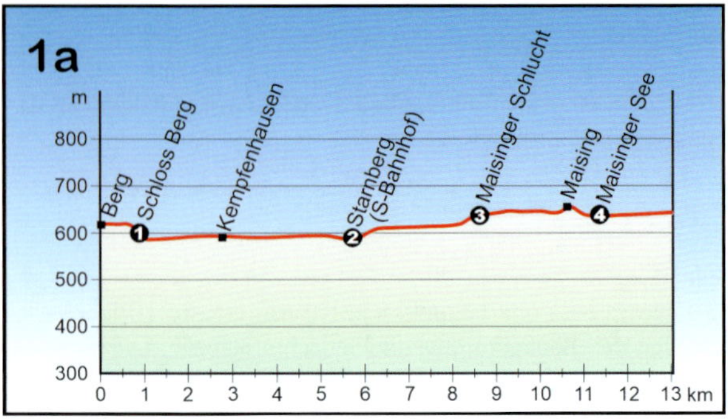

Variante: Berg – Possenhofen (per Schiff) – Pöcking – Aschering

(9,9 km, davon ca. 4,3 km Schifffahrt, 2 Std. 40 Min., ↑ 136 m, ↓ 77 m, ⇧ 582-680 m)

Dies ist eine kürzere Variante, um von Berg über Possenhofen und Pöcking nach Aschering zu gelangen und weiter dem Wegverlauf bis nach Andechs zu folgen. Durch diesen Weg können Sie die Wanderroute verkürzen. Es sind 6 km zu Fuß bis Aschering zu bewältigen, gegenüber der Route der 1. Etappe ist der reine Fußweg diese Variante ca. 9 km kürzer. Allerdings sind Sie abhängig von den Abfahrtszeiten der Dampfer über den Starnberger See. Je nach Saison verkehren die Schiffe von Berg aus zwei- bis sechsmal täglich, jedoch nur bis Anfang Oktober.

Schifffahrt Starnberger und Ammersee: Fahrten von Mai bis Mitte Oktober stündlich, ☎ 081 51/80 61, www.seenschifffahrt.de, Ticketpreise ab € 10,90

Vom Schiffsanleger in Berg können Sie mit dem Schiff über Leoni in ca. 20 Minuten zur anderen Seeseite gelangen. Dort am Seeufer angekommen halten Sie sich rechts und folgen der Karl-Theodor-Straße. Nach kurzem Weg passieren Sie rechts das „Sisi"-Schloss Possenhofen, was bereits im 16. Jh. erbaut wurde.

Nach vielen Wechseln der Eigentümer erwarb Herzog Max von Bayern, der Vater von Elisabeth („Sisi"), 1834 das Schloss. Sisi erlebte hier ihre Jugendzeit und kam von hier aus auf die nahe gelegene Roseninsel, um sich mit Ludwig II. zu treffen.

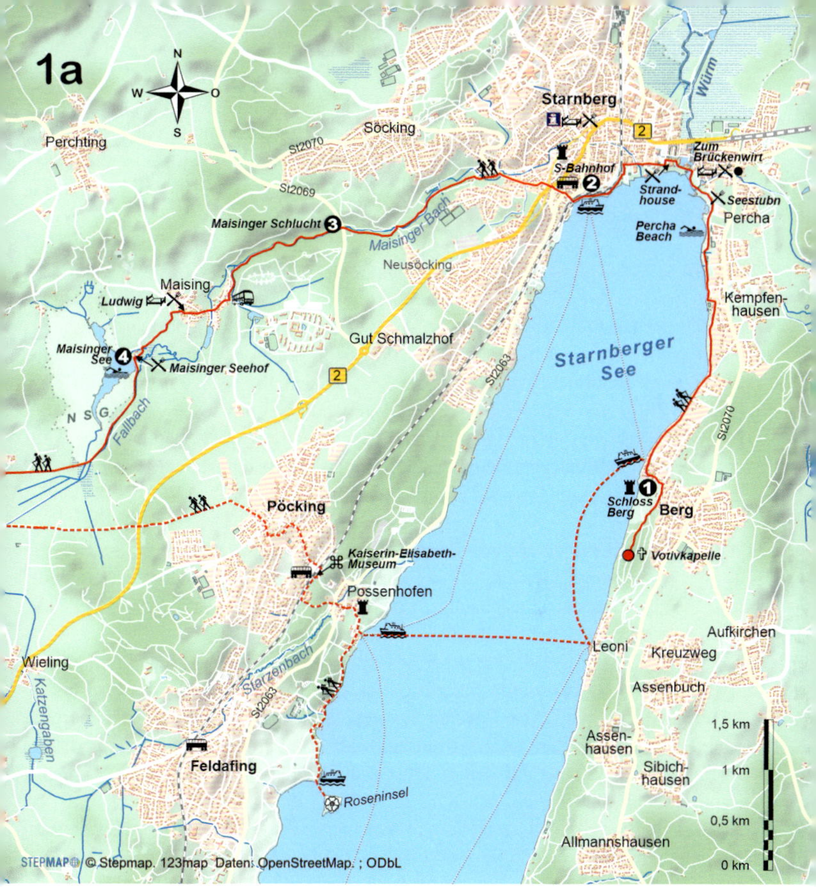

Von Possenhofen aus lohnt sich auch ein Abstecher nach Feldafing, um auf die Roseninsel zu gelangen. Mit der S-Bahn S8 fahren Sie eine Station in Richtung Tutzing bis nach Feldafing. Sie können auch den idyllischen Fußweg von Possenhofen aus am See entlang nehmen (ca. 1,8 km). An der kleinen Bootsanlegestelle können die Besucher mit einer Glocke nach dem Fährmann läuten. Mit einem kleinen Boot setzt man die rund 170 m über zur Roseninsel, welche nicht nur für Sisi-Fans ein Highlight ist. Die wundervolle Parkanlage und der Rosengarten mit seinen über 2.000 Rosenstöcken laden zum Verweilen ein.

Auch das Casino, das Ludwig II. und Sisi als Sommerhaus diente, lohnt einen Besuch (nur im Rahmen einer Führung möglich). Um die komplette Insel befindet sich eine Schutzzone für das UNESCO-Weltkulturerbe „Prähistorische Pfahlbauten". Die Insel ist die jüngste Fundstelle der Pfahlbauten aus einer frühkeltischen Seeufersiedlung im Alpengebiet.

Am Schloss vorbei wandern Sie entlang der Karl-Theodor-Straße bis zu ihrem Ende, wo Sie die Kurt-Stieler-Straße überqueren. Dann begeben Sie sich gegenüber in die Feichtetstraße, von der Sie nach ca. 400 m rechts in einen Fußweg einbiegen. Nach ca. 300 m erreichen Sie den S-Bahnhof Possenhofen. Die heutige S-Bahn-Station ließ Ludwigs Vater, Maximilian II., als Bahnstation für den Adel errichten. Im historischen Bahnhofsgebäude ist seit 2004 das ⌘ Kaiserin Elisabeth Museum untergebracht. Neben der Sammlung über Sisi und ihren Aufenthalten am Starnberger See gibt es auch einen Ausstellungsteil zu König Ludwig II. Nach Voranmeldungen sind Führungen möglich.

⌘ Kaiserin Elisabeth Museum Possenhofen e. V., Bahnhof Possenhofen, Schlossberg 2, 82343 Pöcking, ☏ 081 57/92 59 32, 💻 www.kaiserin-elisabeth-museum-ev.de, 🚪 das Museum ist aufgrund der Coronapandemie bis voraussichtlich 1. Mai 2022 geschlossen.

Von hier aus überqueren Sie mittels Brücke die Gleise und nehmen Kurs in Richtung Pöcking auf. Von Pöcking aus gelangen Sie entlang der Beschilderung nach Aschering, wo Sie im Zentrum von Aschering an der Kirche St. Sebastian wieder an den Wegverlauf der 1. Etappe anknüpfen und weiter nach Andechs wandern. Folgen Sie dafür zunächst ca. 600 m der Hindenburgstraße, bis der Abzweig links in den Schulweg kommt. Nach ca. 300 m biegen Sie rechts ab und gehen entlang der Feldafinger Straße linker Hand vorbei an der Gemeindeverwaltung. Nach ca. 100 m überqueren Sie die Weilheimer Straße und biegen in den Ascheringer Weg ein, der Sie direkt nach ca. 3,5 km Fußweg in die gleichnamige Gemeinde bringt, wo Sie auf den Hauptweg treffen.

Von Berg aus wandern Sie entlang der Seestraße, vorbei an wundervollen Villen, in Richtung Nordufer des Starnberger Sees. Immer wieder bietet sich der wundervolle Blick über den Starnberger See. Unterwegs finden sich immer wieder schön angelegte Badestellen, die im Sommer zum Hineinspringen in das klare, kühle Wasser des Sees einladen. Der Seestraße folgen Sie weiter geradeaus bis zum Abzweig Uferweg.

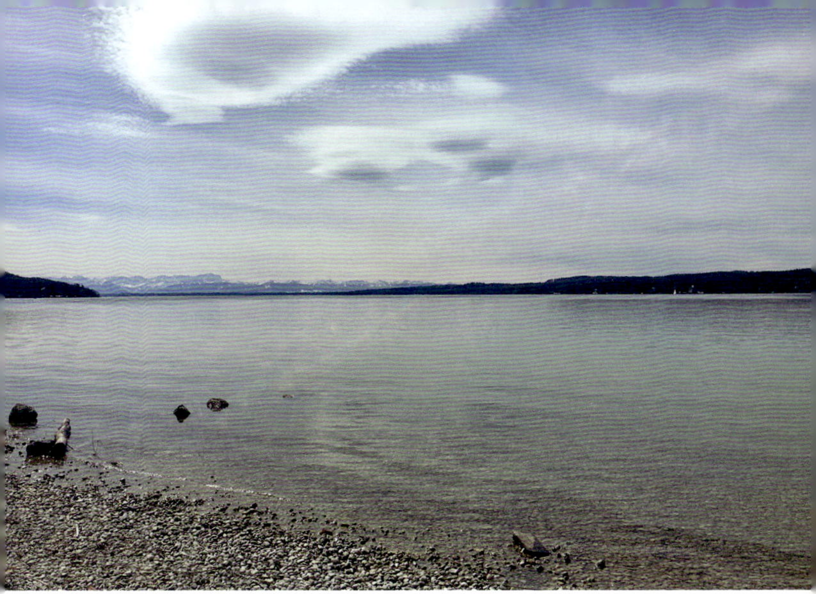

Blick vom Nordufer des Starnberger Sees zur Zugspitze

Hier biegen Sie links ab. Nach ein paar Metern erreichen Sie Treppenstufen und gelangen direkt an das Seeufer des Starnberger Sees zum Percha Beach.

Hier gibt es Sitzbänke oder Sie wählen ein Plätzchen im Kiesbett direkt am See mit Blick auf die Zugspitze. Über den gut angelegten Fuß-/Radweg und immer am See entlang gelangen Sie nach insgesamt ca. 4 km über Kempfenhausen nach Percha. Der Weg führt Sie weiter entlang des Nordufers hin zum Restaurant Seestubn Percha in Starnberg mit einladender Liegewiese und Steg.

Restaurant Seestubn, Schiffbauerweg 20, 82319 Starnberg/Percha, 081 51/74 66 81, info@seestubn-percha.de , https://www.seestubn-percha.de, Dienstag bis Sonntag 12:30-00:00, Montag Ruhetag

Am See führt von Percha nach Starnberg bis zum Hallenbad auch der **Planetenweg** Starnberg entlang. Während 30 Minuten Fußweg wird man mittels Tafeln durch das Sonnensystem geführt. Der Weg ist ein Projekt des Gymnasiums Starnberg und wurde 2017 eröffnet. Umfassende Informationen sind über den jeweiligen QR-Code auf der Anzeigetafel erhältlich.

Weiter geht es über die erste von zwei hölzernen Fußgängerbrücken. Hier stehen charmante Holzhäuschen mit roten Fensterläden – wer denkt da schon an militärisches Sperrgebiet? Hier bildet die Bundeswehr ihre Taucher aus. Nach ein paar Metern müssen Sie eine zweite Brücke überqueren. Ertönt ein Warnton, ist die Brücke schnellstens zu verlassen. Die elektrische Zugbrücke wird dann geöffnet, damit ein Schiff hindurchfahren kann.

Die Wanderung geht nun weiter geradeaus entlang des Nepomukweges und vorbei am Hallenbad Starnberg. Der Weg führt links immer entlang der Seepromenade bis zur Schiffsanlegestelle Starnberg, wo sich auch die S-Bahn-Station „Starnberg“ befindet ❷. Hier unterqueren Sie die S-Bahn-Gleise an der zweiten Unterführung und folgen der Bahnhofsstraße bergauf entsprechend der Beschilderung.

Starnberg

BANK

Tourist-Information Starnberg, Hauptstraße 1, 82319 Starnberg, ☏ 081 51/906 00, touristinfo@starnbergammersee.de, www.starnbergammersee.de, Mai bis September Montag bis Freitag 9:00-18:00, Oktober bis April Montag bis Freitag 9:30-17:00, Mai bis September Samstag 10:00-13:00

Landgasthof Zum Brückenwirt, Berger Straße 7, 82319 Starnberg-Percha, ☏ 081 51/898 83, 01 72/9 99 88 87, www.brueckenwirt-percha.de, DZ ab € 80

♦ Hotel Bayerischer Hof Starnberg, Bahnhofplatz 12, 82319 Starnberg, ☏ 081 51/27 50, info@bayerischerhofstarnberg.de, https://www.bayerischerhofstarnberg.de, DZ ab € 129

Sieben Quellen Gästehaus, Söckinger Straße 6a, 82319 Starnberg, 01 75/116 11 01, www.siebenquellen.com, DZ mit F ab € 80

Amandines et Chocolats, Hauptstraße 27, 82319 Starnberg, ☏ 081 51/401 98 28, amandinesetchocolats.de, Montag bis Freitag 7:30-15:30, Samstag und Sonntag 7:30-13:00

Strandhouse Starnberg, Strandbadstraße 17, 82319 Starnberg, ☏ 081 51/666 28 21, täglich ab 9:30

Starnberger Eiswerkstatt, Wittelsbacherstraße 9, 82319 Starnberg, www.starnberger-eiswerkstatt.de, täglich 9:00-21:30

S-Bahn-Anschluss nach München und nach Tutzing, von dort Anbindung ans DB-Netz bzw. Regionalverkehr

Nachdem 1854 die Eisenbahnlinie von München nach Starnberg errichtet wurde, entwickelte sich Starnberg zum mondänen Seebad. Auch die Angehörigen

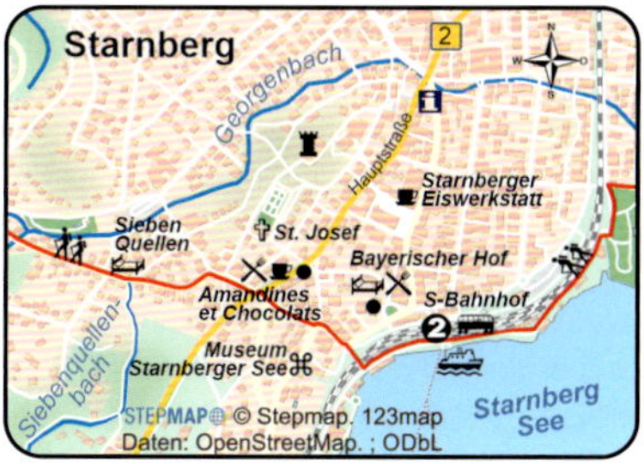

des Münchner Hofes zog es für prunkvolle Feiern hierher. Künstler und Vertreter des Großbürgertums ließen sich hier nieder und prägten mit ihren noblen Villen das Stadtbild.

✞ Auf dem Platz des ehemaligen Tanz- und Gästehauses des Schlosses steht seit 1766 die Kirche des Schutzpatrons St. Josef. Der Kirchenbau und seine Innenausstattung wurden im Rokokostil erbaut. Ignaz Günther, der bedeutende bayerische Rokokobildhauer, schuf den Hochaltar mit der Heiligen Familie. Die Deckengemälde gestaltete Christian Wink mit Szenen aus dem Leben des heiligen Josef.

♦ Kirche St. Josef, Kirchweg 3, 82319 Starnberg

♜ Das Adelsgeschlecht der Wittelsbacher hatte einst die Festung auf dem Schlossberg erworben. Sie bauten es liebevoll zu einem Vierflügelbau aus. Das Schloss wurde 1244 erstmals erwähnt. Heute residiert das Finanzamt des Landkreises hier im Schloss.

Der idyllische **Schlosspark** hoch über der Stadt bietet eine schöne Aussicht über See und Berge. Der Zugang zum Schloss erfolgt über die Treppen von der Hauptstraße aus oder über die Schlossbergstraße. An der Parkmauer laden ⛩ Bänke und eine wundervolle Aussicht zum Rasten ein.

⌘ Museum Starnberger See – barocke Pracht und Fischerleben

♦ Possenhofener Straße 5, 82319 Starnberg, ☏ 081 51/447 75 70, 💻 www.museum-starnberger-see.de, 🚪 Dienstag bis Sonntag und an Feiertagen 10:00-17:00

In Starnberg folgen Sie der Bahnhofstraße hinauf, bis Sie die Weilheimer Straße erreichen und diese überqueren. Nun geht es geradeaus weiter entlang der Söckinger Straße bis zum Haus mit der Nummer 20. Dort gegenüber biegen Sie links in die Maisinger-Schlucht-Straße ein. Vorbei am Wasserwerk Starnberg folgen Sie dann einem Weg links entlang des Maisinger Baches. Auf der rechten Seite bei einer Wegmarkierung des König-Ludwig-Weges, etwas versteckt, lässt sich eine kleine Kapelle entdecken.

Nach ca. 2 km erreichen Sie die **Maisinger Schlucht ❸**.

Die magischen Schattenhangwälder der Schlucht werden durch das kalkhaltige Sickerwasser begünstigt. Bergahorn und Esche sowie Bergulmen und Buchen beherrschen das Bild. Im Frühling säumen blaue Leberblümchen, Veilchen, Buschwindröschen, Huflattich und Schlüsselblumen den Weg.

Geologisch betrachtet findet sich auch in der Maisinger Schlucht das verfestigte Gestein der **Nagelfluh**, wie in der Gegend um Berg. Das kalkbeladene Wasser sickert durch die Hohlräume und Gerölle und setzt nach und nach dünne Kalkkrusten ab. Diese verkitten den losen Schotter und bilden die kompakte **Nagelfluh**. „Nagelfluh" ist ein Schweizer Ausdruck für verfestigten Schotter. Der Name bezieht sich auf die Gerölle, die wie Nagelköpfe aus der Gesteinsmasse herausschauen.

Sie durchwandern die Schlucht und halten sich am Ausgang links. So erreichen Sie die Straße nach Maising, in die Sie nach rechts einbiegen. An der Kreuzung „Schluchtweg" besteht mit der Buslinie 982 Verbindung in Richtung Starnberg Nord zur S-Bahn bzw. Aschering. Mit dem Bus nach Aschering können Sie die Strecke abkürzen.

Entlang der Ortsstraße erreichen Sie den Ortskern von Maising.

Maising

Gasthaus Ludwig, Ortsstraße 16, 82343 Maising, 081 51/34 45, www.gasthaus-georg-ludwig.de, DZ ab € 95

Maisinger Seehof GmbH, Seestraße 14, 82343 Maising, 081 51/74 42 42, info@maisingerseehof.de, https://www.maisingerseehof.de, ca. April bis ca. Mitte Oktober Dienstag bis Sonntag ganztägig bis Sonnenuntergang (je nach Witterung evtl. auch kürzer oder länger), Montag Ruhetag, fällt ein Feiertag auf einen Montag, so verschiebt sich der Ruhetag in dieser Woche auf den Dienstag, von ca. Mitte Oktober bis Ende März ist der Seehof geschlossen. ☺ Den Kaiserschmarren vom Maisinger Seehof sollten Sie sich nicht entgehen lassen, genauso das „Maisinger Kracherl". Diese Limonade wird regional und nur aus natürlichen Zutaten hergestellt.

Am Gasthaus Ludwig biegen Sie links ab. Die Wegmarkierung verweist auf einen Feldweg zum **Maisinger See** ❹, den Sie nach ca. 600 m erreichen. Der Stausee wurde um 1680 vom nahen Kloster Andechs für die Fischzucht angelegt. Noch heute finden sich im See reichlich Karpfen und Schleien. Der See mit seiner angrenzenden Moorlandschaft ist ein echtes Vogelparadies, das viele Hobbyornithologen zum Beobachten einlädt. Am See befindet sich auch der Maisinger Seehof.

Der Maisinger See ❹ ist ein Moorsee, der zum Baden einlädt.

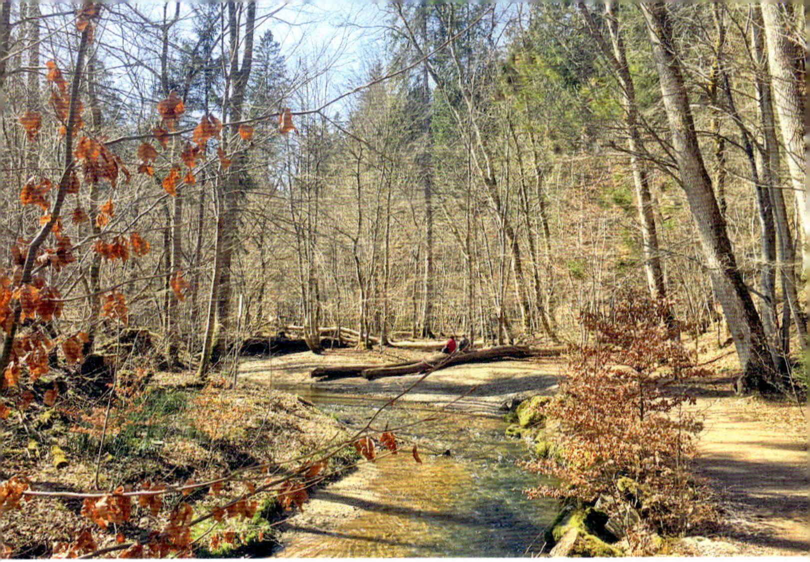

Maisinger Schlucht

Der Weg führt links am See vorbei und geradeaus weiter durch ein wunderschönes Naturschutzgebiet, immer wieder mit Alpenblick. Er führt Sie nach ca. 3 km nach Aschering ❺. Hier kreuzt der Weg aus Pöcking (☞ siehe Variante). Die Dorfstraße in Aschering überqueren Sie am Maibaum und biegen in den Bachweg ein. Von hier aus sind es noch ca. 7 km bis zum Kloster Andechs. Ihr königlicher Weg ist hier mit dem Münchener Jakobsweg identisch. Der Weg führt am Ende des Bachweges entlang des Andechser Weges bergauf durch ein größeres Waldstück. Rechter Hand befindet sich der **Eßsee**, der sich durch die Bäume erahnen lässt.

↳ Über einen schmalen Pfad durch die Bäume durch erreichen Sie den See, wo sich ganz in der Nähe auch das Max-Planck-Institut Seewiesn befindet.

Der **Eßsee** ist einer der ursprünglichen Gletscherseen im Münchner Voralpenland. Der grasgrüne Eßsee mit schlammigem Grund bietet Bademöglichkeiten und einen Steg. An diesem idyllischen Ort wurde in den 50er-Jahren für den Zoologen und Medizinnobelpreisträger Konrad Lorenz ein Platz für das neue Institut für Verhaltenspsychologie gesucht.

♦ Das Institut existiert noch heute als Max-Planck-Institut für Ornithologie, Eberhard-Gwinner-Straße, 82319 Seewiesen, 💻 https://www.orn.mpg.de.

Nachdem Sie das Waldstück hinter sich gelassen haben, treffen Sie auf eine schmale Asphaltstraße. Sie folgen der Wegmarkierung und halten sich bitte links. Nach ca. 150 m entlang der kleinen, asphaltierten Straße biegen Sie rechts in einen kleinen, schmalen Weg ein. Auch hier findet sich etwas versteckt und im Sommer von Pflanzen überdeckt die König-Ludwig-Weg-Wegmarkierung mit dem überkronten K. Weiter wandern Sie geradeaus auf diesem schmalen, von Pflanzen eingerahmten Weg bis zu einer Rechtskurve. Von hier aus haben Sie freien Blick direkt auf einen gelben Gebäudekomplex, bei dem es sich um die Justizvollzugsanstalt (JVA) Rothenfeld handelt. Sie folgen dem Feldweg, vorbei an der JVA Rothenfeld, weiter geradeaus direkt auf die Hauptstraße zu. Dort angelangt gehen Sie links ca. 200 m seitlich der Starnberger Straße den Rad-/Fußweg entlang und überqueren dann die Straße. Nun geht's links in einen schmalen Weg neben der Straße am Waldrand entlang, dem Sie ca. 300 m folgen. Nachdem Sie das Ende des kleinen Waldweges erreicht haben, können Sie bereits erste Blicke auf den Heiligen Berg mit dem Kloster Andechs werfen. Der Fußweg führt Sie auf die **Erlinger Flur**. Links führt der Andechser Lehrpfad an der **Friedenskapelle** vorbei. Sie folgen dem **Andechser Stationenweg** weiter, bis dieser in den Pater-Coelestin-Weg mündet. Am Ende der Straße halten Sie sich rechts und biegen gleich wieder links in den St.-Elisabeth-Weg ein, der Sie direkt zum Parkplatz des Klosters führt. Sie überqueren die Andechser Straße und folgen der schmalen Straße (Bergstraße) direkt und steil hinauf zur Klosterkirche und zum Kloster Andechs ❻.

↬ Auf 2,7 km können Sie auf den Spuren der letzten Eiszeit wandeln. Der Landeskulturelle Wanderweg auf der **Erlinger Flur** führt als Rundwanderweg von der Friedenskapelle zum Parkplatz des Klosters Andechs. Das Wegstück von der Friedenskapelle bis zum St.-Elisabeth-Weg ist als Stationenweg bzw. Lehrpfad angelegt. Die Erlinger Flur ist eine uralte Kulturlandschaft. Entlang des Wegverlaufes werden Informationen zur natürlichen Lebensgrundlage, Pflanzen und Tieren sowie Natur- und Umweltschutz angeboten.

Andechs

🛏 ✕ ☕ BANK ✞ ⌘ ✿

🛏 Ferienwohnungen Andechs – Verwaltung, Von-der-Tann-Straße 6, 82346 Andechs, ☏ 081 52/90 94 55, 💻 http://www.ferienwohnungen-andechs.de, Preis saisonabhängig ab € 100 für 2 Pers. pro Nacht

♦ Hotel zur Post, Starnberger Straße 2, 82346 Andechs, ☏ 081 52/918 20, ✉ info@hotelzurpost-andechs.de, 💻 https://hotelzurpost-andechs.de, DZ ab € 120

✕ Andechser Bräustüberl, Bergstraße 2, 82346 Andechs, ☏ 081 52/37 60, 💻 https://www.andechs.de/gastronomie/braeustueberl, 🚪 Montag bis Freitag 11:00-20:00, Samstag und Sonntag 10:00-20:00

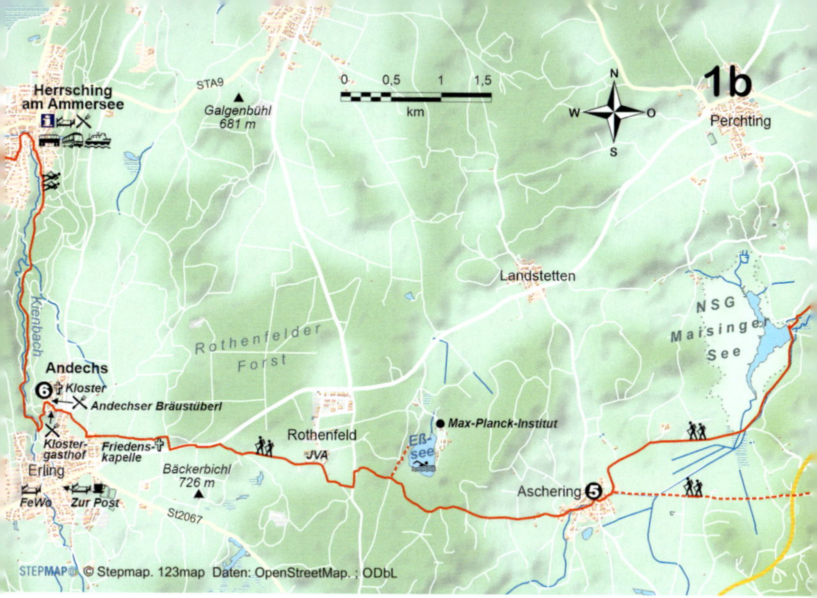

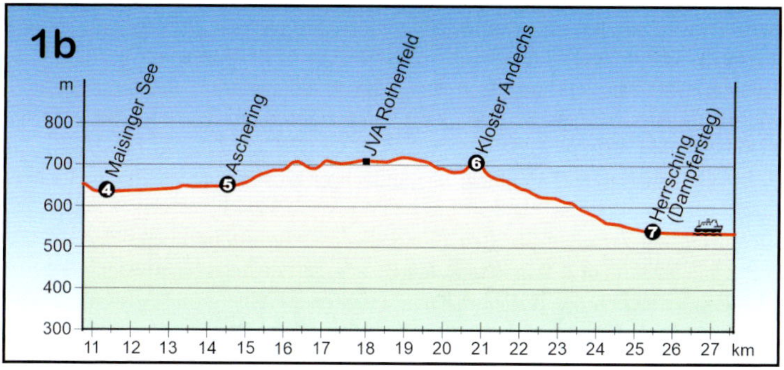

✕ Klostergasthof Andechs, Bergstraße 9, 82346 Andechs, ☏ 081 52/9 82 57 30, https://andechser-klostergasthof.de, Montag bis Sonntag 11:00-20:00.
☺ Bei einer **Andechser Bierprobe** im Klostergasthof können Sie sechs Biere verkosten und Ihren Favoriten entdecken.

Hembergers Frühstückscafé im Hotel zur Post, Starnberger Straße 2, 82346 Andechs, ☏ 081 52/918 20, https://www.hembergers.de, Donnerstag bis Sonntag 9:00-16:00

✞ Das weltbekannte Benediktinerkloster von Andechs mit seiner barocken Wallfahrtskirche thront auf dem 760 m hohen Heiligen Berg. Das Kloster wurde 1455 gegründet. Was machte das Kloster zum Wallfahrtsort? Erstmals wurde die Wallfahrt 1128 urkundlich erwähnt. Seither ist sie die älteste von Bayern. Otto II. aus dem Hause Andechs, der ab 1177 auch Bischof von Bamberg war, setzte sich dafür ein, dass die Heiligen Drei Hostien nach Andechs kamen. Dem Andechser Schatz mit wertvollen Reliquien, die auf den Kreuzzügen erbeutet worden waren, gehörten auch Christus-Reliquien aus dem 10. Jh. an. Darunter befand sich ein Partikel vom Kreuz und der Dornenkrone von Jesus. Einige Kirchenschätze sind in der Heiligen Kapelle des Klosters aufbewahrt, andere wurden im Laufe der Zeit gestohlen.

Durch die Säkularisation Anfang des 19. Jh. erfolgte die Aufhebung der Abtei Andechs. Danach wechselten die Eigentümer, bis Ludwig I., der Großvater und Namensvetter Ludwigs II., 1846 die vormaligen Liegenschaften der Abtei erwarb. Er übergab sie seiner Stiftung, der Abtei St. Bonifaz.

Heute ist das Kloster Andechs ein Wirtschaftsgut der Ordensgemeinschaft der Benediktinerabtei St. Bonifaz. Seit 1995 betreibt das Kloster ökologische Landwirtschaft. Das biologische Getreide wird u. a. für das Andechser Brot der Hofpfisterei in München produziert. Deutschlands größte authentische Klosterbrauerei wird hier konzernunabhängig geführt. Nur hier vor Ort wird gebraut und abgefüllt. Diese Brautradition wird seit 1455 von den Mönchen gepflegt. Die Qualität wird seit Jahrhunderten anhand von überlieferten Rezepturen durch Mehrfachmaischverfahren und Zweitankverfahren nach dem Bayerischen Reinheitsgebot sichergestellt. Es werden ausschließlich ausgesuchte bayerische Rohstoffe eingesetzt. Dies macht die **Andechser Klosterbiere** zu einem Hochgenuss.

Am besten genießen Sie gleich im Andechser Bräustüberl eines der Klosterbiere mit Fleisch- und Wurstspezialitäten aus der klostereigenen Metzgerei. Im Klosterladen neben der Wallfahrtskirche erhalten Sie eine große Auswahl an religiösen Andenken und Souvenirs und auch Andechser Biere kann man hier käuflich erwerben.

Die gotische Klosterkirche ist innen mit einer reichen Rokokoausstattung von Johann Baptist Zimmermann aus Wessobrunn gestaltet. Der Weilheimer Bildhauer Franz Xaver Schmädl schuf den neuen Gnadenaltar.

♦ Kloster Andechs, Bergstraße 2, 82346 Andechs, ☏ 081 52/37 60,
💻 www.andechs.de

❀ Den Andechser **Klostergarten** erreichen Sie rechter Hand beim Aufstieg zum Koster. In Kooperation mit der Firma Steierl-Pharma aus Herrsching ist dieses Projekt entstanden. Die Firma Steierl produziert Arzneimittel der Naturheilkunde und Phytotherapie. Sie setzt sich dafür ein, das Wissen über die Heilpflanzen an alle Interessierten weiterzugeben. So entstand die Idee des Kräuter- und Heilpflanzengartens auf dem Gelände des Klosters. Auf entsprechenden Hinweistafeln sind die Pflanzen, deren Herkunft und Anwendung beschrieben. Kräutergartenführungen können unter ☏ 081 52/932 20 gebucht werden.

⌘ Die **Alte Schmiede in Erling** wurde bereits 1470 urkundlich erwähnt.

♦ Alte Schmiede, Bergstraße 11, 82346 Andechs, Besichtigungen sind nach Terminvereinbarung über die Gemeinde unter ☏ 00 81 52/93 25 24 möglich, Montag bis Freitag 8:00-13:00, das Schauschmieden findet von April bis Oktober jeweils am letzten Samstag im Monat 10:00-14:00 statt.

Gegenüber der Andechser Klosterkirche führt der Weg über eine größere Anzahl von Stufen in Richtung Herrsching weiter. Am Ende der Stufen folgen Sie weiter dem Pfad entsprechend der Wegbeschilderung. Dann biegt der Weg nach rechts ab und führt talwärts wildromantisch durch das Kiental. Die Schlucht wurde im Laufe von mehreren Hundert Jahren durch den Kienbach geformt. Erst im 19. Jh. wurde das Tal durch einen Schotterweg begehbar gemacht, um die Versorgung des Klosters Andechs sicherzustellen. Der Weg führt bei den ersten Häusern weiter als Kientalstraße. Nach insgesamt ca. 5 km erreichen Sie Herrsching. Die Kientalstraße führt Sie am Ende nach links in die Andechsstraße und nach ca. 100 m links in die Schönbichlstraße, der Sie ca. 250 m folgen. Nun biegen Sie rechts in die Weinhartstraße ein und überqueren nach ca. 250 m eine große, viel befahrene Straße (Mühlfelder Straße). Nun ist es nur noch ein Katzensprung bis ans Seeufer. Entlang der Seestraße immer geradeaus erreichen Sie nach ca. 500 m die Schiffsanlegestelle am Seeufer des **Ammersees** ❼.

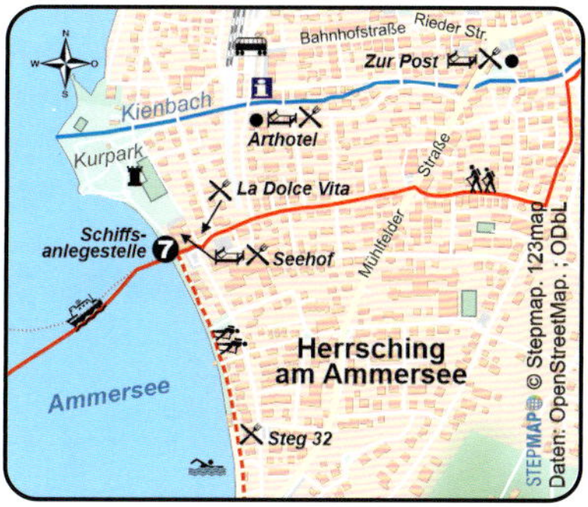

☺ In den Sommermonaten verkehrt von Herrsching aus das letzte Schiff nach Dießen gegen 19:00 Uhr. Sie können jedoch auch in Herrsching übernachten und am nächsten Tag mit dem ersten Schiff gegen 9:30 Uhr nach Dießen über den Ammersee übersetzen.

Bitte erkundigen Sie sich vor Antritt der Fahrt im Internet oder telefonisch nach den genauen Abfahrtszeiten.

In der Zeit von ca. Mitte Oktober bis Ende April verkehren die Schiffe über den Ammersee nicht bzw. nur sehr eingeschränkt. So könnte es sein, dass Sie von Herrsching aus die alternative Wegvariante (☞ S. 48) dem Landweg nach Dießen wählen müssen.

Herrsching

Tourist-Information Herrsching am Ammersee, Bahnhofsplatz 3, 82211 Herrsching, ☏ 081 51/90 60 40, touristinfo@starnbergammersee.de, www.starnbergammersee.de, Mai bis Oktober Montag bis Freitag 9:00-13.00 und 14:00-18:00, Mitte Mai bis zum letzten Oktoberfestwochenende Samstag 9:00-13:00, November bis einschließlich April Montag bis Freitag 10:00-15:30

Arthotel Herrsching, Andechser Hof, 82211 Herrsching, Zum Landungssteg 1, ☏ 081 52/968 10, www.arthotel-herrsching.de, DZ ab € 115

♦ Hotel Seehof, 82211 Herrsching, Seestraße 58, ☏ 081 52/93 50, www.seehof-ammersee.de, DZ ab € 166

♦ Hotel zur Post, Andechsstraße 1, 82211 Herrsching, ☏ 081 52/39 62 70, www.post-herrsching.de, DZ Preis auf Anfrage

Steg 32, Summerstraße 32, 82211 Herrsching, ☏ 081 52/968 71 00, www.steg32.de, täglich bis 23:00, warme Küche 12:00-21:30

Restaurant La Dolce Vita, Seestraße 52, 82211 Herrsching, ☏ 081 52/68 05 oder 96 66 99, www.ristorante-la-dolce-vita.com, tagaktuell im Internet

S-Bahn-Verbindung der Linie S8 von Herrsching nach München

Schifffahrt Starnberger und Ammersee, ☏ 081 51/80 61, www.seenschifffahrt.de, Fahrten von Mai bis Mitte Oktober ca. alle zwei Stunden, Ticket Preise ab € 11,90

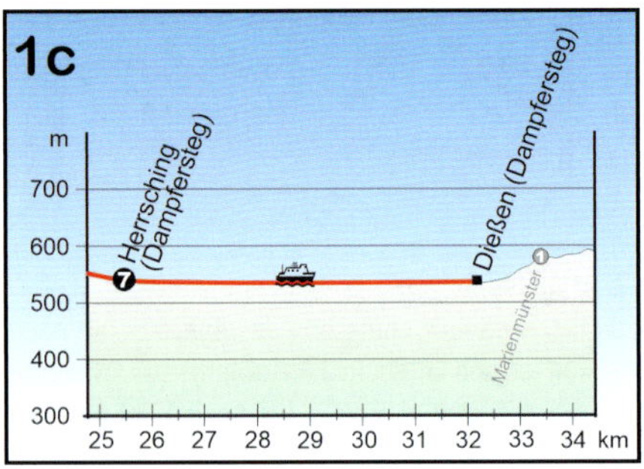

Erst im 19. Jh. entwickelte sich das ehemalige Fischerdorf Herrsching zum Ausflugs- und Urlaubsort. Herrsching liegt fast 550 m über dem Meeresspiegel und hat die **längste durchgehend begehbare Uferpromenade**. Ein wundervoller Wanderweg führt direkt am See entlang durch den Kurpark mit Kurparkschlösschen.

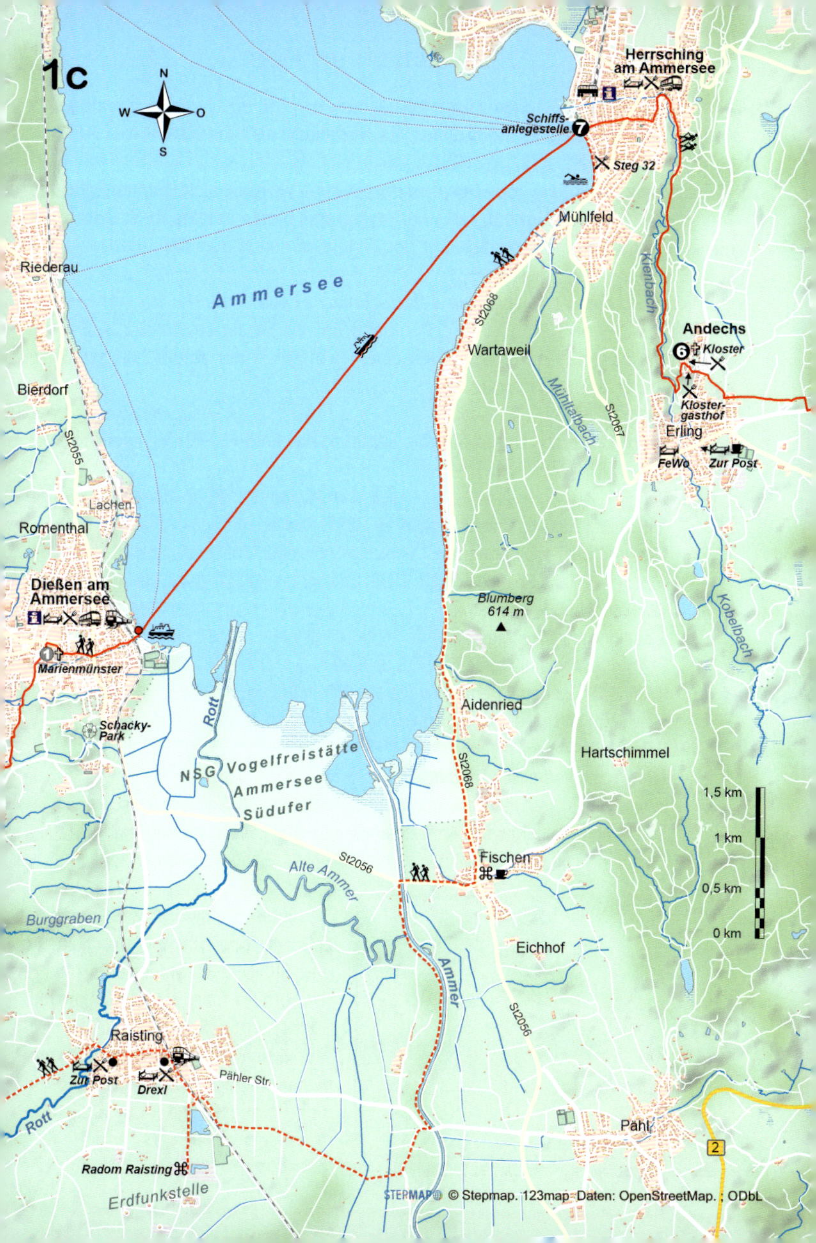

1c
N
W
O
S
Herrsching am Ammersee
Schiffs-anlegestelle
7
Steg 32
Mühlfeld
Riederau
Ammersee
St2068
Kienbach
Andechs
6
Kloster
Wartaweil
Mühltalbach
St2067
Kloster-gasthof
Erling
FeWo
Zur Post
Bierdorf
St2055
Lachen
Romenthal
Dießen am Ammersee
Marienmünster
Blumberg 614 m
Kobelbach
Aidenried
Rott
Schacky-Park
NSG Vogelfreistätte Ammersee Südufer
Hartschimmel
St2068
1,5 km
1 km
0,5 km
0 km
Fischen
St2056
Alte Ammer
Burggraben
Eichhof
Ammer
St2056
Raisting
Zur Post
Drexl
Pähler Str.
Rott
Pähl
2
Radom Raisting
Erdfunkstelle
STEPMAP © Stepmap. 123map. Daten: OpenStreetMap. ; ODbL

Das **Kurparkschlösschen** wurde im italienischen Stil der Adelspaläste errichtet und erinnert an Goethes Gartenhaus. Es wird heute als Standesamt und Ausstellungsraum genutzt.

Bänke laden entlang der Seepromenade zum Verweilen am Seeufer ein und verschiedene Imbissstände, Cafés und Restaurants bieten reichhaltige Gaumengenüsse. In den Sommermonaten lädt der Ammersee auch zum Baden ein.

Wenn Sie einen richtig guten Kaiserschmarrn essen wollen – im Übrigen das Lieblingsessen von König Ludwig II.– dann kehren Sie im Hotel zur ✕ Post in Herrsching ein. Hier finden Sie auch einen richtig schönen und schattigen Biergarten für die Sommermonate.

Von Herrsching aus bringt Sie das Schiff an das andere Seeufer nach Dießen.

Dießen

- Tourist-Info Dießen, Bahnhofstraße 15, 86911 Dießen, ☏ 088 07/10 48, www.tourist-info-diessen.de, Mai bis September Montag bis Freitag 9:00-12:30 und 14:00-17:30, Samstag 10:00-13:00, Oktober bis April Dienstag bis Freitag 10:00-12:30 und 14:00-16:00
- Gasthof Unterbräu, Mühlenstraße 36, 86911 Dießen, ☏ 088 07/84 37, www.unterbraeu-diessen.de, DZ ab € 90
- Hotel zum See garni, Bahnhofstraße 20, 86911 Dießen, ☏ 088 07/929 70, www.hotelzumsee.de, DZ ab € 95
- ♦ Hotel Maurerhansl, Johannisstraße 7, 86911 Dießen, ☏ 088 07/922 90, www.maurerhansl.de, DZ ab € 95
- Bahnverbindungen in Richtung München, Augsburg und Weilheim
- Schifffahrt Starnberger und Ammersee, ☏ 081 51/80 61, www.seenschifffahrt.de, Ticketpreise ab € 11,90, Fahrten von Mai bis Mitte Oktober stündlich

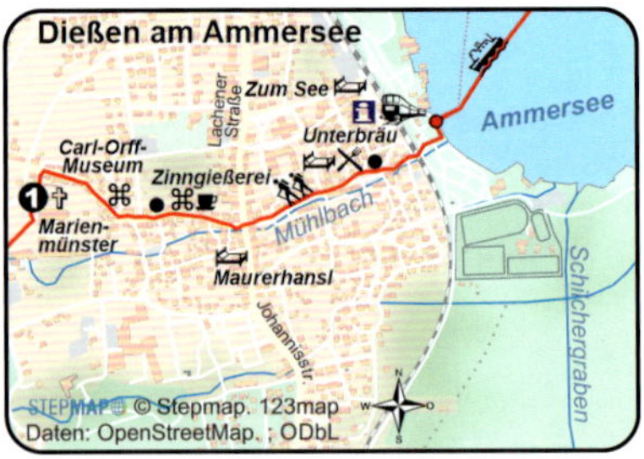

Einen Steinwurf von München entfernt, den See vor der Haustür und die Berge zum Greifen nah – so könnte man das beschauliche Städtchen Dießen beschreiben. Bei schönem Wetter können Sie von hier aus spektakuläre Ausblicke auf die Alpenkette mit dem Zugspitzmassiv genießen.

Im Südosten grenzt die ausgedehnte Ebene des Naturschutzgebietes der Ammermündung an das Ortsgebiet. Die Marktgemeinde gleicht einer Künstlerkolonie. Jahrhundertealte Traditionen faszinieren noch heute zahlreiche hier ansässige Kunstschaffende. Berühmte Persönlichkeiten wie der Komponist Carl Orff, der Maler Wilhelm Leibl, Schriftsteller wie Otto Julius Bierbaum, Hermann Stahl sowie die Schriftstellerinnen Clara Nordström und Luise Rinser fanden in Dießen eine Heimat. Fritz Winter ließ in den 1950er-Jahren sein Bauhaus-Atelier in Dießen errichten. Weit über die Grenzen des Ortes hinaus bekannt ist auch der jährlich im Mai an Christi Himmelfahrt stattfindende **Töpfermarkt** mit mehr als 160 Ausstellern. Seit mehr als 200 Jahren hat auch die **Zinngießerei** Tradition in Dießen.

✞ Der weithin sichtbare barocke Dießener Marienmünster mit dem Deckenfresko „Dießener Himmel" von Johann Georg Bergmüller in der Kuppel sowie den filigranen Stuckarbeiten der Wessobrunner Brüder Feichtmayr ist ein touristischer Magnet und lohnt in jedem Fall einen Besuch.

Als Stiftskirche des Augustiner-Chorherrenstiftes wurde dieser Barockbau 1739 fertiggestellt. Auch die aus dem Jahr 1739 stammende Orgel von Kaspar König ist etwas Besonderes.

♦ Marienmünster, Klosterhof, 86911 Dießen

⌘ Carl Orff war Komponist, Humanist und Pädagoge. Er lebte von 1955 bis zu seinem Tod 1982 in Dießen. Seinen musikalischen Durchbruch hatte Orff mit der Carmina Burana, einer Sammlung alter Lied- und Dramatexte, die 1803 im Kloster Benediktbeuern gefunden wurden. Carl Orff fügte aus dieser Sammlung 24 Stücke zu einem Chorwerk zusammen.

♦ Carl-Orff-Museum, Hofmark 3, 86911 Dießen, ☏ 088 07/919 81, 💻 www.orff-museum.de, 🚪 an jedem 3. Sonntag im Monat 11:00-18:00, weitere Termine nach telefonischer Vereinbarung

⌘ ☕ Zinngießerei mit Café

Karin Schweizer betreibt in der Herrenstraße 17 eine **Zinngießerei** mit einem Café. Hier gibt es allerlei zu entdecken und Mitbringsel zu erwerben. Besucher erwartet eine Kombination aus Familienmuseum, Ladengeschäft und Café mit selbst gemachten Kuchen.

♦ Zinngießerei Babette Schweizer, Inh.: Karin Schweizer, Herrenstraße 17, 86911 Dießen am Ammersee, ☏ 088 07/350 , 💻 www.schweizerzinn.de, 🚪 Montag, Dienstag, Donnerstag, Freitag 10:00-18:00, Mittwoch, Samstag 10:00-13:00, Sonn- und Feiertage geschlossen, außer Christi Himmelfahrt und am 2. Adventssonntag

Der königliche Kämmerer Ludwig Freiherr von Schacky erwarb Anfang des 20. Jh. im Süden von Dießen Wiesenland. Dort errichtete er nach englischem Vorbild eine Parkanlage mit Monopteros, Teehaus und Brunnen – Erinnerungen an den Englischen Garten in München werden wach. Seit 1992 steht der **Schacky-Park** unter Denkmalschutz und ist für alle Besucher frei zugänglich. Vom Dampfersteg ist der Weg zum Park ausgeschildert und gut zu Fuß in ca. 1,5 km zu erreichen.

♦ Schacky-Park, Vogelherdstraße, 86911 Dießen, www.schacky-park.de, täglich 8:00-20:00

Variante: über Land von Herrsching über Raisting und (mit dem Zug) nach Dießen *(15,2 km, 4 Std., ↑ 139 m, ↓ 120 m, ⇧ 533-553 m)*

Die Landvariante verläuft von Herrsching südlich am Ammerseeufer entlang über Raisting nach Dießen. Die Strecke beträgt bis Raisting rund 15 km. Von Raisting gelangen Sie dann mit dem Zug nach Dießen. Es empfiehlt sich, in Herrsching zu übernachten und einen zusätzlichen Tag für die Landvariante einzuplanen. Die Wegstrecke führt entlang des Münchner Jakobsweges, sodass Sie dieser Wegmarkierung (gelbe Muschel) folgen können.Von Herrsching aus können Sie über die Seepromenade und den Promenadenweg direkt am See entlang zum Ortsteil Wartaweil und weiter bis kurz vor Aidenried wandern. Dann geht es an der befahrenen St2068 entlang immer in südliche Richtung mit herrlichem Blick auf die Zugspitze. Ein Fuß-/Radweg führt Sie immer parallel entlang der Hauptstraße/Herrschinger Straße bis nach Fischen-Pähl, wo Sie rechts in die Dießener Straße einbiegen.

⌘ Kunstwerke der Kupferschmiede können Sie im **Kupfermuseum** – direkt an der Kreuzung mit der Dießener Straße – bewundern. Neben prähistorischen Fundstücken und sakralen Gegenständen aus dem späten Mittelalter zeigt die Ausstellung vor allem mitteleuropäische Gebrauchsgegenstände und Geräte aus dem 17. bis 19. Jh.

♦ Stiftung Kupfermuseum Kuhnke, Herrschinger Straße 1, 82396 Pähl-Fischen am Ammersee, ☏ 088 08/921 91 31, www.kupfermuseumfischen.de, Mittwoch bis Samstag 10:00-16:00, Sonn- und Feiertag geschlossen

Die **Andechser Kaffeerösterei** hat ihr neues Domizil gegenüber dem Kupfermuseum bezogen. Herr Reiner Leonhardt bietet neben köstlichen Kaffeespezialitäten auch selbst gebackene Kuchen an.

♦ Andechser Kaffeerösterei, Herrschinger Straße 1, 82396 Pähl-Fischen am Ammersee, ☏ 088 08/924 61 04, andechser-kaffeeroesterei.de, Montag bis Freitag 10:00-18:00, Samstag 10:00-14:00

Der Dießener Straße folgen Sie bis zur Ammerbrücke, überqueren diese und biegen links in den Fuß-/Radweg ein. Der Weg führt nun direkt an der Ammer entlang und bietet wunderschöne Blicke auf die Pflanzenwelt und die Alpen. Nach ca. 2,5 km erreichen Sie die Pähler Straße. Diese überqueren Sie und biegen rechts ab. Nun folgen Sie dem Feldweg ca. 2,5 km in Richtung Raisting, bis Sie die Bahngleise erreichen und auf die Schützenstraße gelangen. Dieser folgen Sie ca. 350 m und biegen dann links ab. Über eine Brücke gelangen Sie über die Gleise. Nach der Brücke halten Sie sich rechts und biegen auf die Straße Am Laubberg ab. Dieser folgen Sie ca. 400 m. Nun überqueren Sie die Pähler Straße und gelangen zum Bahnhof (Haltepunkt) Raisting.

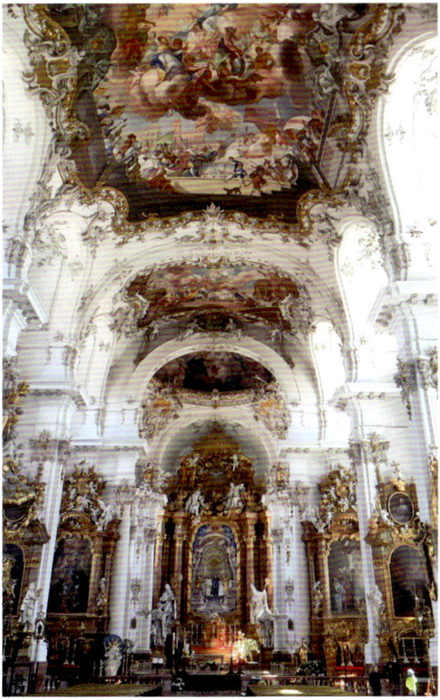

Marienmünster Dießen

➯ Für die Besichtigung der Erdfunkstelle müssen Sie die Brücke über die Gleise überqueren und sich links halten. Nach der Bahnüberführung geht es links in den Hofstätterweg. Nun gehen Sie einfach direkt auf die sichtbaren Erdfunkstelle zu.

⌘ Schon von Weitem können Sie nun das „Wahrzeichen" von Raisting erkennen – das **Radom** auf dem Gelände der **Erdfunkstelle**. Heute stellt das Radom ein Industriedenkmal dar. Die Erdfunkstelle wurde 1963 von der Deutschen Post gegründet und später auch von der Telekom für die weltweite Kommunikation über Satelliten genutzt.

♦ Radom Raisting, Hofstätterweg 1, 82399 Raisting, ☏ 08 81/681 11 72 oder -11 43, 💻 www.radom-raisting.bayern, 🚪 von Pfingsten bis zum zweiten Sonntag im September ab 13:30, Besichtigung nach telefonischer Reservierung möglich

Raisting

Gasthof zur Post, Floßmannstraße 9, 82399 Raisting, ☏ 088 07/922 40,
www.post-raisting.de, DZ ab € 99

♦ Gasthof Drexl, Pähler Straße 17, 82399 Raisting, ☏ 088 07/79 19,
www.gasthofdrexl.de, DZ ab € 90

Bahnverbindung nach Dießen, Weilheim und von dort jeweils nach Starnberg und München. Bahnverbindung besteht mit der Bayerischen Regionalbahn (BRB) nach Dießen ab Bahnhof Raisting in der Regel jede halbe Stunde und am Wochenende stündlich. Die Fahrtdauer beträgt 5 Minuten (1 Station).

Störche in Rasting

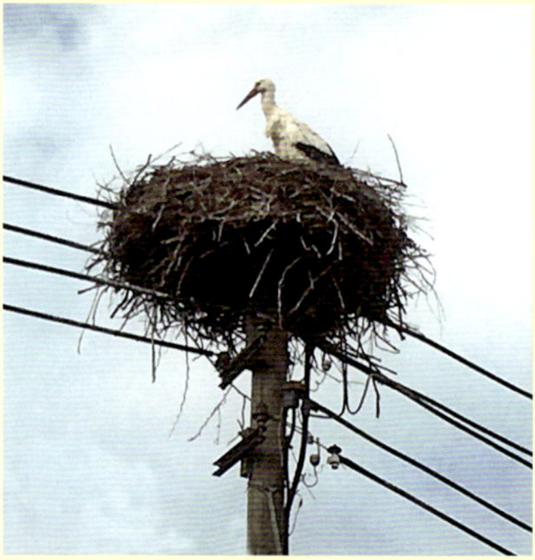

☺ Im Frühjahr nisten in Raisting die **Störche**. Fast jedes Haus, jeder Kamin, jede Straßenlaterne und jeder Strommast sind dann mit „Meister Adam" besetzt. Die Vögel finden hier in diesem Feuchtgebiet der Ammerauen rund um Raisting den idealen Lebensraum und können sich stärken, bis sie im Herbst wieder ihre Reise nach Afrika antreten.

In Raisting nehmen Sie den Zug nach Dießen und setzen dort den König-Ludwig-Weg mit der 2. Etappe fort.

Alternativ begeben Sie sich von Raisting direkt nach Wessobrunn, wo die 2. Etappe des König-Ludwig-Weges endet. Der ca. 10 km lange Weg führt durch den Ort Raisting entlang der Beschilderung (wieder parallel zum Münchner Jakobsweg) bis nach Wessobrunn. Vom Bahnhof Raisting aus geht es über den Kirchenweg weiter zur Flossmannstraße. Diese geht nach der Brücke über in den Hartweg und nach ca. 100 m gehen Sie links in den Stillernweg nach Stillern, einem Ortsteil von Raisting. Hier lockt eine Einkehr im Biergarten.

Hofbiergarten Stillern, Stillern 1, 82399 Raisting, ☏ 088 09/862 oder -675,
www.hof-biergarten.de, Samstag, Sonntag und an Feiertagen ab 12:00, von Ende Mai bis Anfang September und natürlich nur bei Biergarten-Wetter!

Kurz nach dem Biergarten geht es rechts in den sogenannten Kohlgraben. Über 200 Höhenmeter wandern Sie nun steil bergauf. Oben angekommen halten Sie sich links und erreichen bald Haid und kurz darauf Wessobrunn (☞ Infos S. 53). Dann geht es mit der 3. Etappe weiter.

2. Etappe: Von Dießen nach Wessobrunn

13,2 km, 3 Std. 30 Min., ↑ 372 m, ↓ 185 m, ⇧ 535-727 m

0,0 km	⇧ 537 m	Dießen (Dampfersteg)
1,2 km	⇧ 584 m	Marienmünster, Dießen
3,0 km	⇧ 610 m	Waldlehrpfad, Parkplatz
4,2 km	⇧ 646 m	Königsbank
11,4 km	⇧ 725 m	Aussichtsbank bei Haid
13,2 km	⇧ 727 m	Wessobrunn (Kloster)

Die 2. Etappe führt Sie mitten durch die historische Mark Dießen, vorbei an kleinen und zauberhaft hergerichteten Häusern, und ist auch nicht besonders lang (im Gegensatz zur 1. Etappe). Schon seit dem Mittelalter sind Handwerker und Künstler hier ansässig und dieses Flair ist noch heute zu spüren. Nach dem Besuch des kunsthistorisch wertvollen barocken Münsters geht es weiter über Wald und Wiesen hin zum Mechthildisbrunnen. Sie wandern weiter über den Schatzberg durch waldreiche Fluren und erreichen Wessobrunn. Dort wartet eine sehr schöne Klosteranlage auf Ihre Besichtigung. Ebenfalls einen Besuch wert ist die sagenumwobene Tassilolinde unweit der Klostermauern. Um die Mariengrotte ist ein parkähnlicher Garten mit einem Teich angelegt. Mit der 2. Etappe betreten Sie das Gebiet des Pfaffenwinkels, eine Region mit einer besonders hohen Dichte an Kirchen und Klöstern.

Die 2. Etappe ist auch für Radfahrer geeignet.

Vom Dampfersteg aus folgen Sie links der Wegbeschilderung bergwärts entlang der Mühlenstraße durch den schönen Ortskern von Dießen. Sie queren die Johannisstraße und wandern gemächlich bergauf und die Herrenstraße entlang. Bewundern Sie hier die liebevoll hergerichteten Häuschen mit zauberhaften Vorgärten. Die Herrenstraße geht über in die Straße Hofmark, wo Sie dem **Carl-Orff-Museum** einen Besuch abstatten können.

Vor dem Haus Nr. 28 biegen Sie direkt links ab und passieren die Toreinfahrt des Taubenturms. Nun erreichen Sie das Gelände des Marienmünsters ❶.

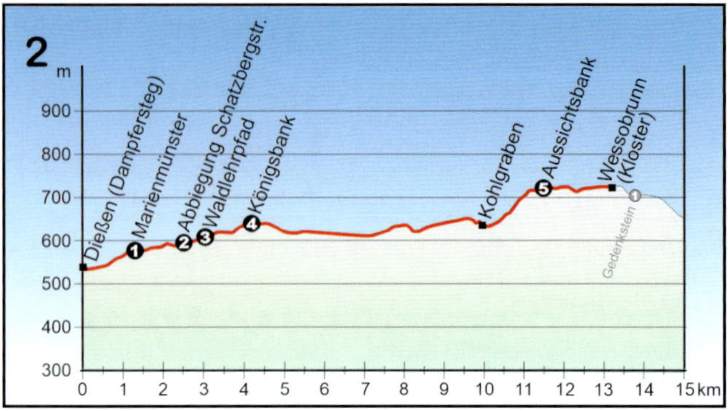

Nach dem Besuch des Marienmünsters biegen Sie schräg rechts in einen Fußweg ein und gelangen nach ca. 100 m auf eine asphaltierte Straße, in die Sie links einbiegen. Sie gehen am Parkplatz vorbei ca. 150 m weiter geradeaus. Von dort aus biegen Sie schräg rechts in einen kleinen Weg (Am Winkelsteg) ein und wandern ein kleines Stück entlang des Dießener Mühlbaches. Erst führt der Weg an einer Hecke entlang. Nach Überquerung einer kleinen Fußgängerbrücke macht der Weg eine Rechtskurve. Hier achten Sie bitte auf die Wegbeschilderung und biegen links in einen kleinen Wiesenweg ein und gehen diesen immer weiter geradeaus. Der Weg wird immer schmaler, führt über eine feuchte Wiese und zwischen den Häusern hindurch auf die Schatzbergstraße. Dort biegen Sie links ab und nach ca. 50 m, direkt gegenüber dem Verkehrsschild der 30er-Zone, führt Sie der Weg rechts weiter in eine kleine Straße ❷, die nach kurzer Distanz in einen kleinen Feldweg übergeht. Diesen gehen Sie immer geradeaus über Wiesen, bis Sie auf die Burgwaldstraße stoßen. Hier biegen Sie links ab und gelangen in ein Waldstück mit Parkplatz. Hier befindet sich ein Parkplatz und es beginnt der Waldlehrpfad ❸. Sie folgen dem **Waldlehrpfad** und halten sich an die Wegauszeichnung mit dem blauen K.

Schon bald treffen Sie links im Wald auf sogenannte **„Kalktuffterrassen"**.

Es handelt sich um ein Phänomen der Kalktuffbildung. Das Niederschlagswasser löst Kalk aus den Gesteinen und tritt auf seinem Versickerungsweg am Nordhang des Schatzberges wieder aus. Dort bildet es kleine Sickerquellen. Durch Sonnenlicht und besondere Tuffmoose und Algen lagert sich dort der Kalk wieder ab. Laub, Moose und Bodensedimente lagern sich dort ab und werden so mit Kalk überzogen und werden hart. So entstehen die Kalktuffterrassen. Früher wurde der Kalktuff als Baumaterial verwendet.

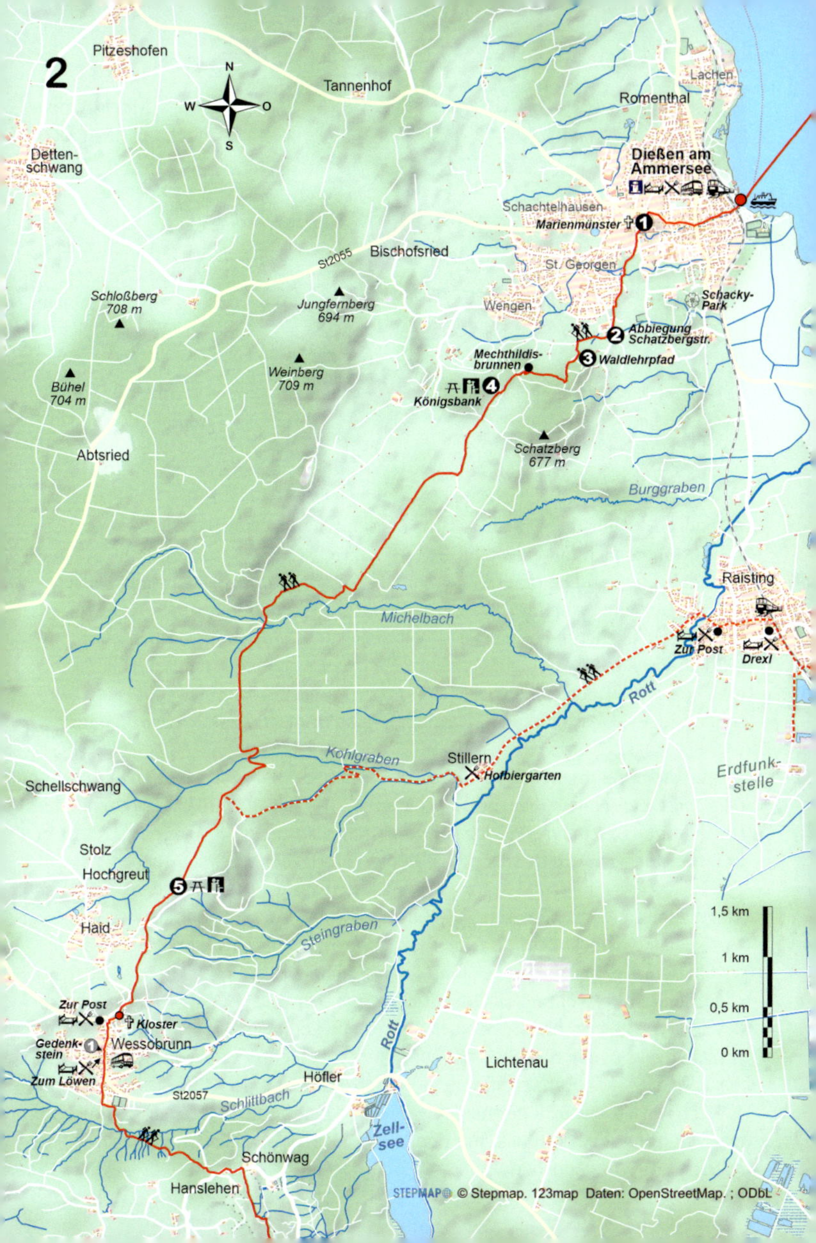

2
Pitzeshofen
Tannenhof
Lachen
Romenthal
Dettenschwang
Dießen am Ammersee
Schachtelhausen
Marienmünster
1
Bischofsried
St2055
St. Georgen
Schloßberg 708 m
Jungfernberg 694 m
Wengen
Schacky-Park
2 Abbiegung Schatzbergstr.
Mechthildisbrunnen
3 Waldlehrpfad
Weinberg 709 m
Bühel 704 m
4 Königsbank
Schatzberg 677 m
Abtsried
Burggraben
Raisting
Michelbach
Zur Post
Drexl
Rott
Kohlgraben
Stillern
Hofbiergarten
Erdfunkstelle
Schellschwang
Stolz
Hochgreut
5
Haid
Steingraben
1,5 km
1 km
0,5 km
0 km
Zur Post
Kloster
Gedenkstein
Wessobrunn
Zum Löwen
Rott
Lichtenau
Höfler
St2057
Schlittbach
Zellsee
Schönwag
Hanslehen
STEPMAP © Stepmap. 123map Daten: OpenStreetMap. ; ODbL

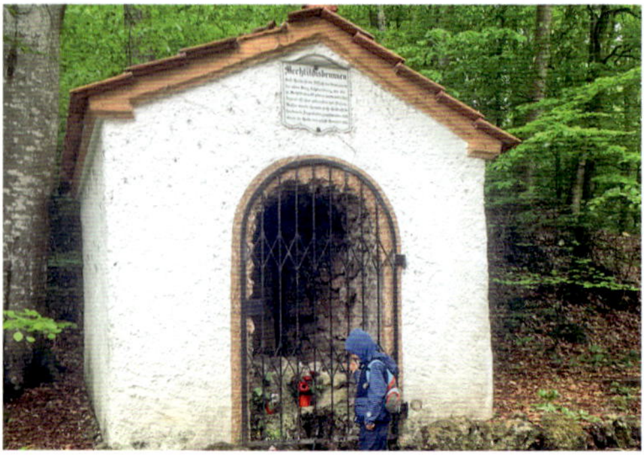

Mechthildisbrunnen

Am **Mechthildisbrunnen** mit einer kleinen Kapelle angekommen können Sie sich erfrischen und folgen dem Weg weiter entsprechend der Beschilderung. Nach einem kurzen Weg erreichen Sie noch eine kleine Kapelle, die Burgkapelle. Sie wurde zu Ehren von Mechthildis errichtet.

Sankt Mechthildis, aus dem Grafengeschlecht Dießen-Andechs, wurde dem Volksglauben nach im Jahr 1125 auf der Andechser Burg geboren. Mit 5 Jahren wurde sie von den Eltern zur Erziehung ins Kloster gebracht, wo sie mit 14 Chorfrau wurde. Ihre Frömmigkeit, Askese, Güte, Hilfsbereitschaft und große Demut waren vorbildlich. Sie soll Blinde geheilt haben. Mit 35 Jahren starb sie und ruht seitdem in einem gläsernen Schrein im Dießener Marienmünster. Jährlich am 31. Mai beginnt an der Burgkapelle eine Prozession zu Ehren des Todes und des Namenstages von Mechthildis. Das Wasser des Brunnens soll Augenleiden heilen.

Aus dem Wald heraus eröffnet sich ein schöner Blick auf den Hohen Peißenberg und der dahinterliegenden Alpenbergkette. Sie folgen entsprechend der Beschilderung weiter einer kleinen, geteerten Straße geradeaus und ca. 500 m weiter erreichen Sie eine schöne ⩩ **König-Ludwig-Bank ❹** zum Rasten.

Der Weg verläuft ca. 3 km bis zum nächsten Waldstück. Sie folgen immer der Wegmarkierung des König-Ludwig-Weges bzw. Jakobsweges durch ein größeres, einsames Waldstück. Der Münchner Jakobsweg führt bis nach Steingaden parallel.

Der lang gezogene Feldweg führt nun steil bergauf und nach kurzer Zeit erreichen Sie den Wessobrunner Ortsteil Haid, wo sich eine ⩩ Aussichtsbank befindet ❺. Vom Ortsschild aus folgen Sie weiter geradeaus der Straße. Von hier genießen Sie einen Weitblick bis zum Hohen Peißenberg. Wenn Sie den Blick zurückwerfen, können Sie bei klarem Wetter das Radom in Raisting sowie Kloster Andechs erblicken. Bald gelangen Sie an eine Mauer. Auch hier finden Sie wieder eine ⩩ König-Ludwig-Bank. An der Mauer biegen Sie rechts ab und erreichen nach ca. 300 m den Abzweig zum Klosterinnenhof.

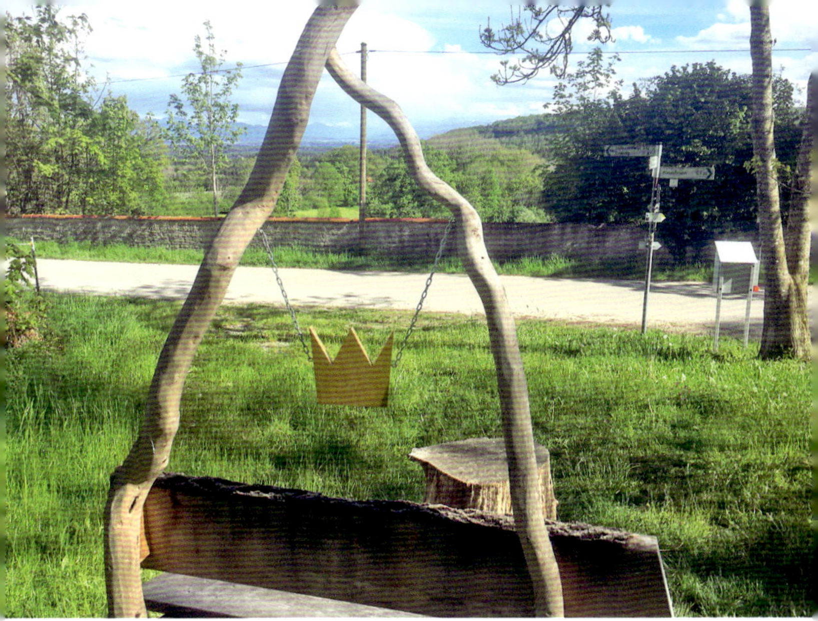

König-Ludwig-Bank

☺ Die 3. Etappe führt weiter in den Ortskern, wo es auch Übernachtungsmöglichkeiten gibt.

Wessobrunn

Tourismusverband Pfaffenwinkel, Bauerngasse 5, 86956 Schongau, ☎ 088 61/77 73, info@pfaffen-winkel.de, www.pfaffen-winkel.de, Montag bis Freitag 8:00-12:00 sowie Montag bis Donnerstag 13:30-17:00

Gasthof zum Löwen, Üblhörstraße 2, 82405 Wessobrunn, ☎ 088 09/352, DZ ab € 70

♦ Gasthof zur Post, Zöpfstraße 2, 82405 Wessobrunn, ☎ 088 09/208, kontakt@post-wessobrunn.de, DZ ab € 105

Wessobrunn ist auf eine Klostergründung durch Herzog Tassilo III. zurückzuführen. In der Pfarrkirche haben berühmte Künstler der damaligen Zeit gewirkt – Stuckateure, Maler und Baumeister wie zum Beispiel die Brüder Zimmermann, die Schmuzers und die Feichtmayr-Familie. Den berühmten **Wessobrunner Stuck** findet man noch heute in Kirchen und Palästen in ganz Europa, so auch im Wessobrunner Kloster selbst und in der Klosterkirche in Andechs.

✞ Das Kloster Wessobrunn wurde von den Benediktinermönchen gegründet und gehörte dann zum Bistum Augsburg. Nach einem Brand Ende des 17. Jh. wurde das Kloster wiederaufgebaut und restauriert. Durch das Kloster gefördert entstand die sogenannte Wessobrunner Schule. So wurde Ende des 17. Jh. eine Vielzahl von Kunsthandwerkern und Künstlern in der Abtei ausgebildet, die weit über ihre Region hinaus bekannt geworden sind.

Anfang des 19. Jh. wurde das Kloster im Zuge der Säkularisation aufgegeben. Danach folgte eine Zeit, in der sich das Kloster in privatem Besitz befand. Anfang des 20. Jh. lebte hier wieder eine Gemeinschaft von Missionsbenediktinerinnen. 2014 wurde das Kloster schließlich verkauft und gelangte in den Besitz von Martina Gebhardt, die hier mit ihrer Naturkosmetikfirma ihren Sitz hat.

Führungen werden je nach Jahreszeit von Januar bis März jeden Freitag, Samstag, Sonntag und Feiertag um 15:00 Uhr und von April bis Dezember von Mittwoch bis Sonntag sowie an Feiertagen jeweils um 15:00 Uhr angeboten. Treffpunkt ist am Eingang zum Pfarramt.

♦ Kloster Wessobrunn, Klosterhof 6, 82405 Wessobrunn, ☏ 088 09/222

Tassilolinde

Vom Klosterhof aus sind es nur ca. 10-15 Minuten Fußweg. Sie erreichen den kleinen Wanderweg, wenn Sie durch den kleinen Torbogen gehen und dann nach rechts abbiegen. Nach ein paar Schritten erblicken Sie bereits die **Mariengrotte**. Durch den wunderschön angelegten Garten mit Teich und über einen kleinen Holzsteg geht es weiter hinab, bis Sie nach kurzer Strecke bereits das mächtige Naturdenkmal der **Tassilolinde** erblicken.

Der Legende nach befand sich der bayerische Herzog Tassilo im Jahr 753 auf einem Jagdausflug. Unter dieser Linde ruhte er sich aus. Er war durstig und so träumte er von einer Wasserquelle. Sein Jagdgefährte Wezzo entdeckte in der Nähe der Linde tatsächlich eine Quelle.

Der Herzog ließ an dieser Stelle das Kloster erbauen. Im Klosterhof befindet sich der Brunnen.

Das sogenannte Wessobrunner Gebet aus dem Jahr 814 n. Chr. gilt als älteste christliche Dichtung in deutscher Sprache. Niedergeschrieben wurde es in einem Buch der Klosterschule – vermutlich im Kloster St. Michael am Staffelsee. Seinen Namen erhielt das Gebet nach der Aufbewahrung in Wessobrunn. Die heute genutzte Übersetzung des Gebetes stammt aus dem Jahr 1953 und ist 2014 im Rahmen der 1.200-Jahr-Feier zum Jubiläum des Gebets entstanden.

3. Etappe: Von Wessobrunn über den Hohen Peißenberg bis nach Hohenpeißenberg

17,2 km, 5 Std. 30 Min., 603 m, 543 m, 648-988 m

0,0 km	727 m	Wessobrunn (Kloster)
0,5 km	701 m	Gedenkstein der Wessobrunner Baumeister
3,9 km	701 m	Abzweig Paterzeller Eibenwald
6,1 km	765 m	Rastplatz/Bank bei St. Leonard im Forst
6,9 km	761 m	St. Leonhard im Forst (Kirche)
8,2 km	741 m	Rastplatz nahe Holzlehen
14,2 km	782 m	Kapelle St. Martin Hohenpeißenberg, OT Hetten
16,0 km	988 m	Hoher Peißenberg (Klosterkirche)
17,2 km	770 m	Hohenpeißenberg

Wessobrunn befindet sich im Gebiet vom ***Pfaffenwinkel****. Diese landschaftlich reizvolle Region ist gekennzeichnet durch reichlich Waldgebiete und Moore. Die Dichte von Klöstern und Kirchen ist hier überdurchschnittlich hoch. Dies hat dem Landstrich wohl diesen Namen eingebracht. Diese Etappe verlangt Ihnen etwas mehr an Kondition ab und ist mit einer kleinen Bergtour vergleichbar. Der Weg führt nach Verlassen von Wessobrunn steil bergauf zum Schlittgraben und dann aufwärts über 150 Stufen. Ein Abstecher in den* ***Paterzeller Eibenwald*** *bedeutet einen kleinen, aber lohnenswerten Umweg. Über St. Leonard im Forst geht es durch ein großflächiges, einsames Waldgebiet in Richtung des Hohen Peißenbergs auf 988 m Höhe, der schon weithin sichtbar ist. Nach einem etwas anstrengenden Aufstieg werden Sie mit einem aussichtsreichen Panorama über die Alpenlandschaft belohnt.*

Die 3. Etappe ist für Radfahrer nicht geeignet. Dies gilt vor allem für den Auf- und Abstieg auf den Hohen Peißenberg.

Geradeaus aus dem Klosterhof hinaus gelangen Sie entsprechend der Wegkennzeichnung in westlicher Richtung zur Hauptstraße, in die Sie links abbiegen, und Sie folgen ihr weiter. Sie kommen vorbei an einer Bäckerei, wo Sie sich stärken können und Wanderproviant einkaufen können. Von dort weiter in Richtung Dorf auswärts kommen Sie an einem Gedenkstein für die Wessobrunner Baumeister und Künstler vorbei ❶. Kurz darauf biegen Sie rechts ab und wandern entlang der Beschilderung auf ein Waldstück zu. Vor dem Wald biegen Sie links in eine kleine Straße ab und gelangen zum Sportplatz.

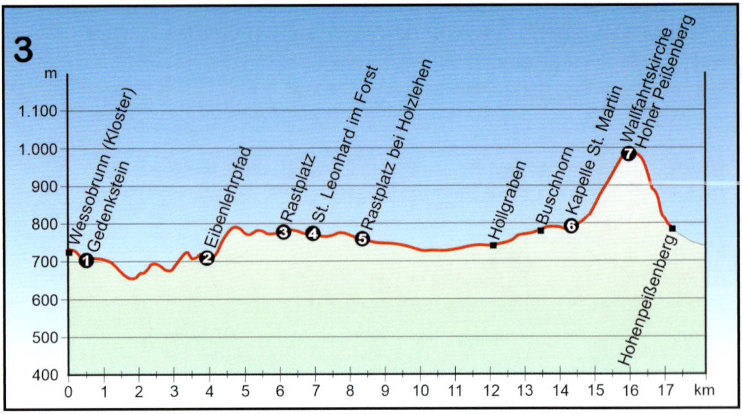

Diesem gegenüber biegen Sie rechts in den Waldweg ein und folgen der Beschilderung in Richtung Paterzell. Nun geht es ein kurzes Stück durch ein wenig begangenes Waldgebiet. Nachdem Sie das Waldstück verlassen haben, halten Sie sich links, bleiben ein Stück auf der Landstraße und folgen dem Schild „Eibenwald“. Nach 300 m biegen Sie rechts erneut in ein Waldstück ein. Sie erreichen den Abzweig zum **Eibenlehrpfad ❷**, bleiben jedoch rechts auf dem König-Ludwig-Weg und steigen 150 Stufen aufwärts nach Schlitten.

Wenn Sie den Paterzeller **Eibenpfad** begehen möchten, bedeutet das, dass Sie dem beschriebenen Abzweig folgen. Es besteht keine direkte Anbindung an den König-Ludwig-Weg, sodass Sie am Ende zum Ausgangspunkt der Abzweigung zurückkehren müssen. Im Paterzeller Eibenwald gibt es deutschlandweit die meisten alten Eiben. Über 2.000 Bäume zählt dieses Naturschutzgebiet aus naturnahem Mischwald. Die Nadeln und Früchte der Eibe sind giftig und enthalten Taxin. In der Krebstherapie werden diese Inhaltsstoffe der Eibe eingesetzt. Der eigentliche Lehrpfad wurde 1995 angelegt und führt über eine Strecke von ca. 1 km an allen sehenswerten Punkten und Infotafeln vorbei.

Der **Bärlauch** ist ein Lauchgewächs, welches etwas knoblauchähnlich riecht und mit Zwiebel, Knoblauch und Schnittlauch quasi verwandt ist. Von April bis Juni ist Bärlauch in Mischwäldern und auf sickerfeuchten Lehm- und Tonböden zu finden. Die ganze Pflanze ist essbar und wird am besten frisch verzehrt. Die klein geschnittenen Blätter mit etwas Zwiebel in Butter gedünstet ergeben eine wohlschmeckende Zugabe zu Pasta- und Reismahlzeiten oder direkt auf das Brot.

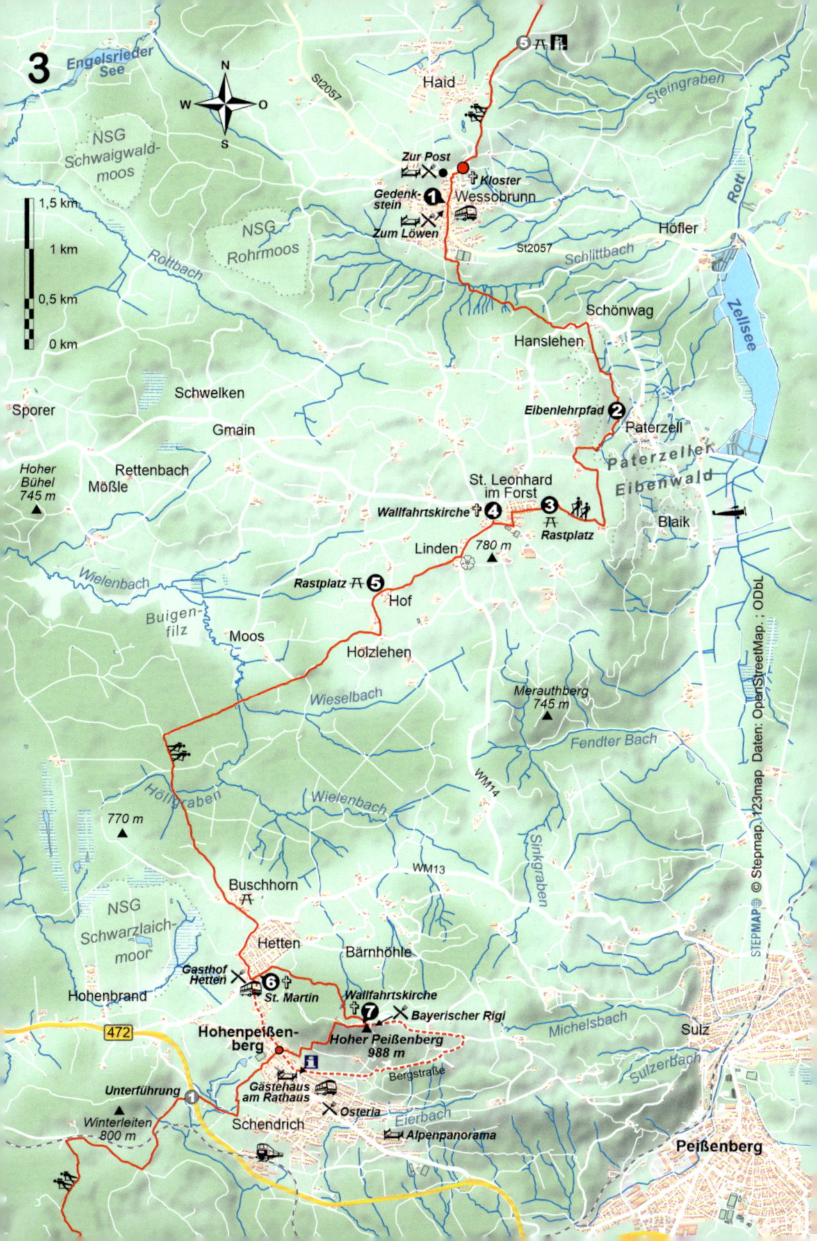
3
Engelsrieder See
N
W
O
S
St2057
Haid
Steingraben
NSG Schwaigwald-moos
1,5 km
1 km
0,5 km
0 km
Zur Post
Kloster
Gedenk-stein
1
Wessobrunn
Zum Löwen
NSG Rohrmoos
Rottbach
Rott
Höfler
St2057
Schlittbach
Zellsee
Schönwag
Hanslehen
Schwelken
Sporer
Gmain
Eibenlehrpfad
2
Paterzell
Paterzeller Eibenwald
Hoher Bühel 745 m
Rettenbach
Mößle
St. Leonhard im Forst
Wallfahrtskirche
4
3
Rastplatz
Blaik
Linden
780 m
Wielenbach
Rastplatz
5
Hof
Buigen-filz
Moos
Holzlehen
Wieselbach
Merauthberg 745 m
Fendter Bach
WM14
Höllgraben
Wielenbach
770 m
WM13
Sinkgraben
Buschhorn
NSG Schwarzlaich-moor
Hetten
Bärnhöhle
Gasthof Hetten
6
St. Martin
Hohenbrand
Wallfahrtskirche
7
Bayerischer Rigi
472
Hohenpeißen-berg
Hoher Peißenberg 988 m
Michelsbach
Sulz
Bergstraße
Sulzerbach
Unterführung
1
Gästehaus am Rathaus
Osteria
Winterleiten 800 m
Schendrich
Eierbach
Alpenpanorama
Peißenberg
STEPMAP © Stepmap, 123map Daten: OpenStreetMap ; ODbL

Bärlauch ist sehr gesund, weil er sehr vitamin- und nährstoffreich ist. Neben ätherischen Ölen sind u. a. Eisen, Kalium und Kalzium, Magnesium und Vitamin C enthalten. Dem Bärlauch wird eine antibakterielle, appetitanregende, blutreinigende und durchblutungsfördernde Wirkung nachgesagt.

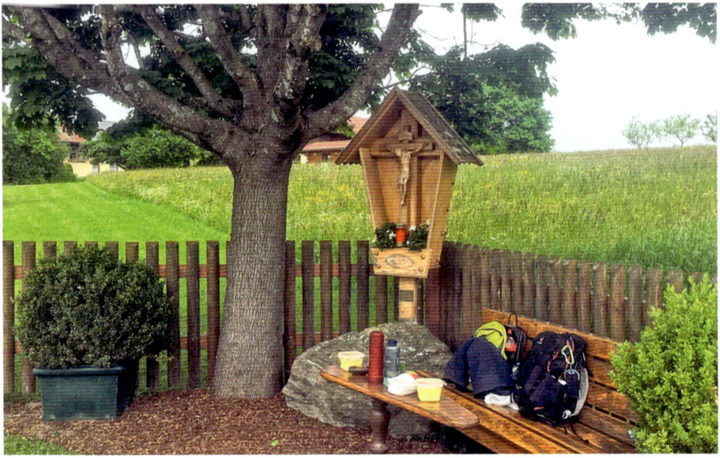

Rastplatz St. Leonhard

Oben angekommen lädt eine ⩩ Bank zum Verschnaufen ein. Nach ca. 100 m geradeaus biegen Sie links in einen Feldweg ein und folgen diesem. Nach ca. 1,2 km kommen Sie an einem Seminarhaus/Hotel (Eck) vorbei (2021 noch im Bau/Renovierung), halten sich rechts in Richtung St. Leonhard im Forst und folgen der Straße Templhofring. Kurz vor dem Ortseingangsschild lädt Sie ein netter ⩩ Rastplatz mit Kruzifix zum Picknick ein ❸.

Sie durchqueren den Ort und halten sich rechts. Ein kurzer Abstecher zur Wallfahrtskirche (Marienkapelle) ❹ lohnt einen Besuch. Wenn Sie vom Gelände der Kirche zurückkehren, biegen Sie wieder rechts auf die Hauptstraße. Dort treffen Sie wieder auf die Wegmarkierung des König-Ludwig-Weges. Sie bleiben auf der Hauptstraße für ca. 500 m bis nach Linden, wo die Marienlinde, ein mehr als 1.000 Jahre altes Naturdenkmal, bestaunt (und vielleicht auch umarmt?) werden kann.

Gegenüber der Linde biegen Sie rechts ein in Richtung „Hof". Nach ca. 1 km erreichen Sie einen Hof mit Sägewerk. Dort finden Sie einen religiösen Gedenkstein, an dem es sich nett rasten lässt ❺. Dann geht es auf Höhe des Hofes Holzlehen nach ca. 500 m nach rechts.

Weiter wandern Sie entsprechend der Beschilderung ca. 4,4 km durch ein lang gezogenes, einsames Waldstück (Höllgraben) (ohne Rastmöglichkeit durch Bänke o. Ä.!) bis nach Buschhorn. Erst hier gibt es wieder die Möglichkeit, auf einer schönen ⩩ Holzbank rechts neben dem Weg bei einem Kreuz zu rasten.

Sie folgen ca. 400 m der Buschhornstraße und erreichen die Nordstraße in Hetten, einem Ortsteil der Gemeinde Hohenpeißenberg.

Der Berg Hoher Peißenberg befindet sich auch im Gemeindegebiet der Ortschaft Hohenpeißenberg. An der Hauptstraße halten Sie sich rechts entsprechend der Markierung und biegen schräg gegenüber dem Gasthof Hetten links in die Hettenstraße und gleich wieder links in den Kapellenweg ab. Am Abzweig befindet sich direkt eine Bushaltestelle.

✕ Gasthof Hetten, Hettenstraße 22,82383 Hohenpeißenberg, ☏ 088 05/92 18 30, 💻 www.hetten.de/Gasthof_zum_Hetten/Hetten.html, 🚪 Freitag 11:30-14:00 und 17:00-22:00,Samstag 10:30-22:00, Sonn- und Feiertag 9:00-21:00

Anfang Juni 2021 nahmen ich und mein Wanderbegleiter diese Etappe das erste Mal in Angriff. Das Wetter meinte es schon den ganzen Tag gut mit uns. Als wir in Hetten angelangt waren und uns umdrehten, sahen wir dann einen dunkelschwarzen Himmel, der uns quasi verfolgte und nichts Gutes erahnen ließ. Für uns ganz plötzlich öffnete der Himmel seine Schleusen und wir konnten uns nur in den Unterstand an der Bushaltestelle am Kapellenweg retten. Ganze 1 ½ Stunden warteten wir, in der Hoffnung, der Regen würde nachlassen, was er aber nicht tat. Dann passierte ein kleines Wunder: Am Haus gegenüber öffnete sich ein Fenster und eine nette Dame fragte, wo wir denn hinwollten. „Nach Hohenpeißenberg", antwortete ich. „Na, dann fahr' ich Sie schnell. Wissen Sie, das hört heute nämlich nicht mehr zu regnen auf, wir sind hier im Gebirge." Frau Kuhn, so hieß die nette Frau, brachte uns in unser Tagesquartier nach Hohenpeißenberg. Das Leben ist ein Geben und Bekommen. Das regelt sich von alleine.

Liebe Frau Kuhn, noch einmal herzlichen Dank an Sie für die Rettung!

Variante mit dem Bus

Mit dem Bus Nr. 9656 gelangen Sie vom Gasthof in Hetten in wenigen Minuten direkt in den Ort Hohenpeißenberg. Dies ist auch zu Fuß an der Hauptstraße entlang möglich (ca. 1,2 km). So umgehen Sie den anstrengenden Aufstieg auf den Hohen Peißenberg und sparen sich ein paar wenige Kilometer Strecke. Jedoch entgeht Ihnen neben dem schönen Bergaufstieg auch der gigantische Rundblick auf die Bergkulisse und die sehenswerte Wallfahrtskirche ❼.

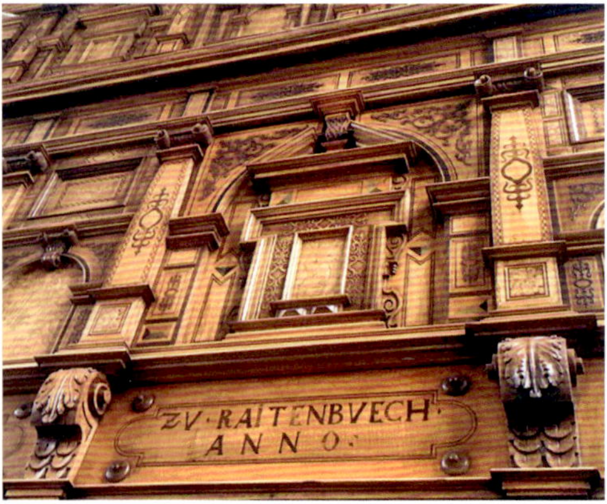

Wallfahrtskirche auf dem Hohen Peißenberg

Ca. 60 m nach dem Abzweig erreichen Sie die Kapelle St. Martin in Hetten ❻. Sie folgen dem Kapellenweg noch ca. 200 m geradeaus und biegen dann rechts auf einen schmalen Waldweg ab, der Sie steil bergauf bis zum 988 m hohen Hohen Peißenberg bringt. Der Aussichtsberg wird auch liebevoll „Bayerischer Rigi" genannt. Bei klarer Sicht können Sie Ihren Blick über das gesamte Alpenpanorama schweifen lassen: von den Chiemgauer Bergen über Schlierseer und Tegernseer Berge, Walchenseer- und Achenseer Berge, Karwendelgebirge, Estergebirge, Wettersteingebirge, Ammergauer Berge, Tannheimer Berge bis hin zu den Allgäuer Alpen.

Auf dem Hohen Peißenberg findet sich die ✞ Wallfahrtskirche ❼. Der Ursprung dieser Kirche war eine kleine Gnadenkapelle aus dem Jahr 1514. 1616 veranlassten die Augustiner den Anbau der Wallfahrtskirche. Bereits damals begannen die Mönche mit der Wetterbeobachtung und -aufzeichnung.

⌘ Meteorologisches Observatorium auf dem Hohen Peißenberg

Noch heute befindet sich unweit der Wallfahrtskirche das **Meteorologische Observatorium**. Neben der Wetterbeobachtung werden laufende Messungen von Ozon, Spurengasen und Regeninhaltsstoffe vorgenommen. Ein Wetterlehrpfad nimmt Sie mit auf eine kleine Entdeckungsreise in die Welten des Wetters. An 11 Stationen erhalten Sie einen spannenden Einblick in die Meteorologie.

♦ Deutscher Wetterdienst, Meteorologisches Observatorium, Albin-Schwaiger-Weg 10, 82383 Hohenpeißenberg, ☏ 069/80 62 97 10

Hinter der Wallfahrtskirche führt der Weg über den Hanslweg hinunter in die Ortschaft Hohenpeißenberg. Vorsicht bei Nässe! Der schmale, sehr steile Bergweg ist dann besonders herausfordernd und die natürlich geformten Stufen werden zur Rutschpartie! Hier ist auch bei trockenem Wetter absolute Trittfestigkeit Bedingung! Trekkingstöcke sind hilfreich.

Am Waldende führt der Weg über eine Weide durch hohes Gras leicht nach rechts bis zu einem Gatter und dann auf eine kleine Teerstraße und nach einem kurzen Stück auf die Hauptstraße, wo die heutige Etappe endet.

Wer den steilen Abstieg vermeiden möchte, kann vom Hohen Peißenberg aus über die Bergstraße in den Ortskern von Hohenpeißenberg gelangen (ca. 3 km Fußweg entlang der Straße).

Hohenpeißenberg

Verkehrsamt Gemeinde Hohenpeißenberg, Blumenstraße 2, 82383 Hohenpeißenberg, ☏ 088 05/92 10 44, www.verkehrsverein-hohenpeissenberg.de, Gemeindeverwaltung: Montag bis Freitag 8:00-12:00 sowie Mittwoch 14:00-18:00

Ferienwohnungen Gästehaus am Rathaus, Anneliese Krätz, Hauptstraße 55, 82383 Hohenpeißenberg, ☏ 088 05/95 45 47, gaestehaus-am-rathaus@t-online.de, DZ ab € 80

♦ Alpenpanorama, Eva-Maria Rößle, Alpenblickstraße 34, 82383 Hohenpeißenberg, ☏ 088 05/12 90, fam.roessle@t-online.de, DZ ab € 90

Ristorante Pizzeria Osteria Italiana, Hauptstraße 22, 82383 Hohenpeißenberg, ☏ 088 05/707 99 01, www.osteriaitaliana.de, Montag sowie Mittwoch bis Sonntag 11.30-14.30 und 17:00–22:00, Dienstag Ruhetag

♦ Bayerischer Rigi Terrassen-Café-Restaurant e. K., Matthäus-Günther-Platz 2, 82383 Hohenpeißenberg (direkt auf dem Berg Hoher Peißenberg), ☏ 088 05/330, www.bayerischer-rigi.de, November bis März Dienstag bis Freitag 9:00-18:00 und Samstag, Sonn- und Feiertag 9:00-20:00, Ruhetag Montag, April bis Oktober Dienstag bis Sonntag 9:00-20-30, Ruhetag Montag

Zugverbindungen nach Weilheim und von hier aus nach München

Die Ortsgründung der Gemeinde Hohenpeißenberg geht bis ins 12. Jh. zurück. Heute zählt die Gemeinde Hohenpeißenberg etwas mehr als 4.000 Einwohner und ist ein Ort, an dem früher intensiv Bergbau betrieben wurde. Ein Bauernjunge soll 1580 hier die Kohle entdeckt haben. 1837 wurde auf dem Brandachfeld der Hauptstollen angeschlagen. Damit wurde der staatliche Bergbau am Hohen Peißenberg eröffnet. Der Kohlebergbau prägte die Menschen bis Anfang der 1970er-Jahre.

Dann wurde der Bergbau eingestellt. Die Geschichte des Ortes ist untrennbar mit dem gleichnamigen Berg verbunden. Die meteorologische Beobachtungsstation direkt auf dem Gipfel des Hohen Peißenbergs existiert seit mehr als 200 Jahren. Die Gemeinde rühmt sich mit dem schönsten Rundblick Bayerns, welchen man vom Hohen Peißenberg tatsächlich haben kann.

4. Etappe: Von Hohenpeißenberg durch die Ammerschlucht nach Rottenbuch

12,5 km, 4 Std., ↑ 480 m, ↓ 430 m, ⇧ 640-774 m

0,0 km	⇧ 770 m	Hohenpeißenberg
1,4 km	⇧ 737 m	Unterführung Schnellstraße
5,3 km	⇧ 642 m	Waldhaus Schnalz
7,3 km	⇧ 659 m	Kalkofensteg, Holzbrücke
9,8 km	⇧ 705 m	Ausgang Ammerschlucht
11,5 km	⇧ 756 m	Wegabbiegung Richtung Kloster Rottenbuch (Waldstück)
12,5 km	⇧ 760 m	Rottenbuch BANK

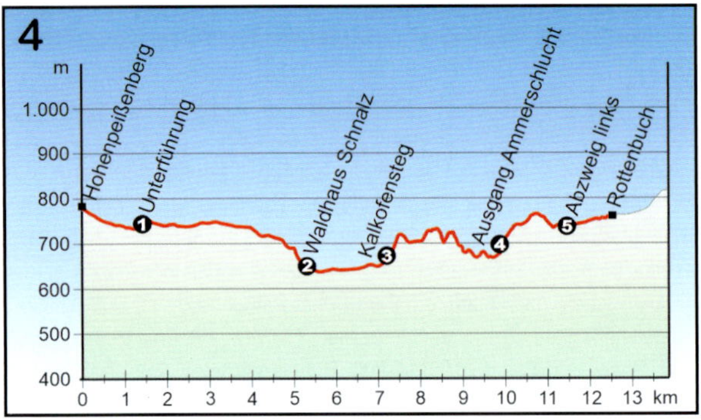

Die heutige Etappe mutet fast ein wenig abenteuerlich an. Sie gelangen nämlich durch die Ammerschlucht, die von den Einheimischen liebevoll auch „bayerischer Grand Canyon" genannt wird. Wie ein mystischer Märchenwald erscheint der Weg und Sie dürfen sich auf tiefere Einschnitte auf schmalen Pfaden, über abenteuerliche Holzbrücken und Holzsteige freuen. Immer mal wieder können Sie dabei tiefe Einblicke nach unten in die Schlucht und zum Fluss Ammer riskieren. Etwas Schwindelfreiheit und vor allem Trittsicherheit sind ein absolutes Muss! Nach so viel Abenteuer bietet das schöne Städtchen Rottenbuch wieder viel sakrale Kunst und Kultur mit dem gleichnamigen Kloster und schöne Einkehrmöglichkeiten, wo Sie typisch bayerische Schmankerl genießen können.

Die 4. Etappe ist für Radfahrer nicht geeignet und die Ammerschlucht ist für sie sogar verboten. Eine Umgehung über Peiting nach Rottenbuch ist möglich, wird aber hier nicht beschrieben.

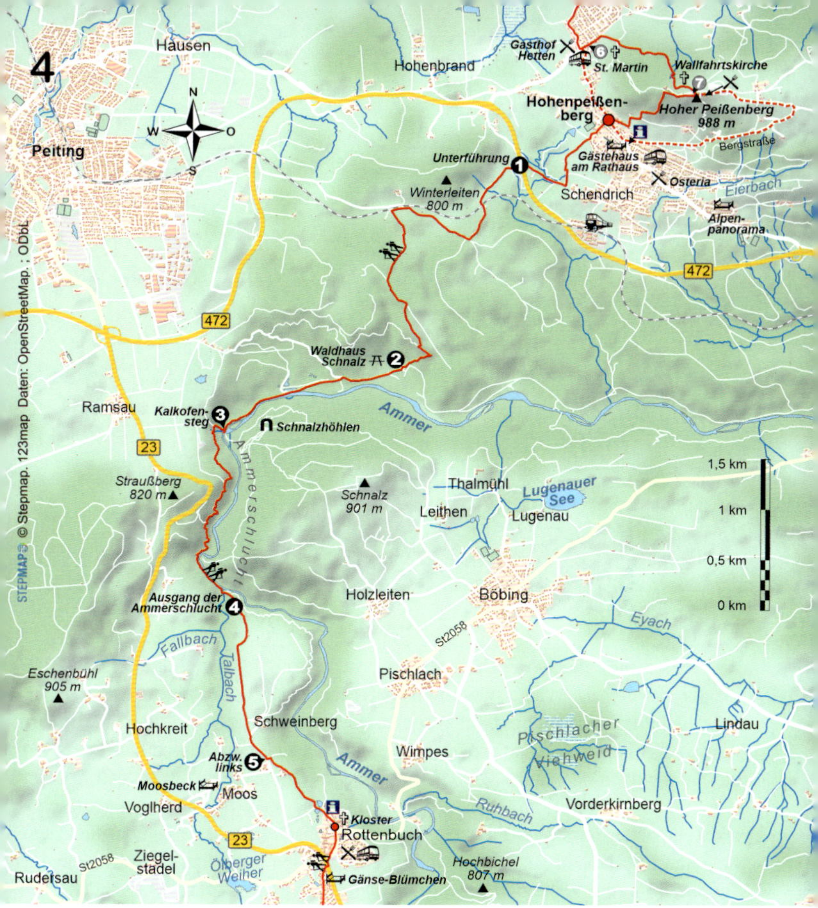

In Hohenpeißenberg überqueren Sie an der Stelle, wo Sie vom Berg Hohen Peißenberg über den Hanslweg abgestiegen sind, die Hauptstraße und gehen dort gegenüber in die Anton-Pröbstl-Straße, der Sie erst mal weiter entlang der bekannten Wegmarkierung folgen. Nun geht es bergab bis zu einer Linkskurve. Dann führt die Strecke auf einen Feldweg. Am Wald angekommen biegen Sie in den Kohlgrabenweg nach rechts ab.

Nach ca. 600 m gelangen Sie auf eine kleine Teerstraße. Nach Unterquerung der Schnellstraße ❶ bleiben Sie auf dem Weg geradeaus (hier fehlt eine eindeutige Wegmarkierung).

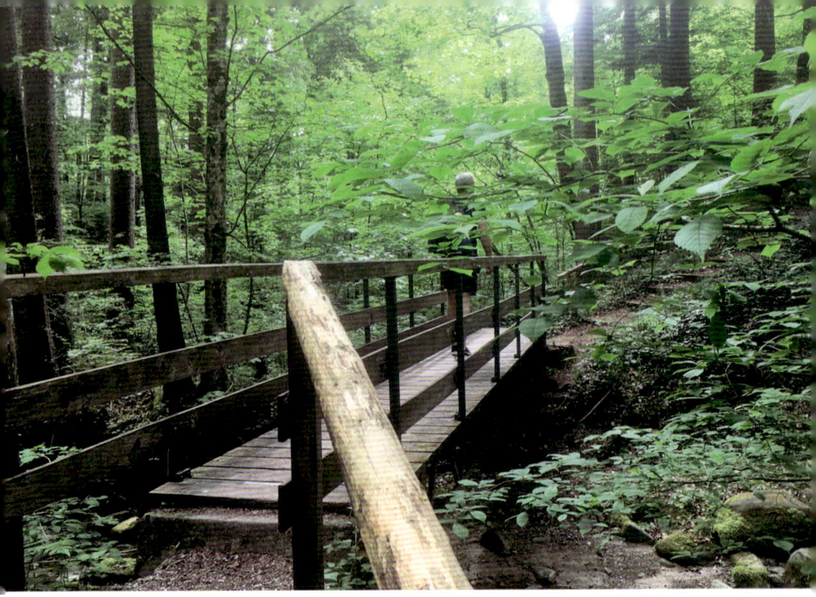

Ammerschlucht

Wenig später macht der Weg eine Linkskurve und Sie passieren über eine Brücke die Bahngleise. Wandern Sie nun weiter auf dieser Route bis zu einem unbeschrankten Bahnübergang. Dort biegen Sie nach links in den Wald ab und durchqueren das Waldstück. Sie erreichen nach kurzer Zeit das Waldhaus Schnalz ❷, wo Sie rechts in den Fahr-/Wanderweg Schnalzstraße einbiegen, der Sie direkt an der Ammer ca. 600 m weiter folgen, bis halb links ein kleiner Wanderweg abzweigt. Diesem folgen Sie weiter, bis zum Einstieg in die Ammerschlucht am Kalkofensteg (Holzbrücke) ❸. Immer wieder werden Sie durch Hinweistafeln auf Fauna, Flora und geologische Besonderheiten des Tals aufmerksam gemacht.

Ammerschlucht

Die Ammerschlucht ist eine einzigartige Landschaft zwischen Ammergebirge und Alpenvorland. Sie wurde als europäisches Natura-2000-Schutzgebiet ausgezeichnet.

Das Quellgebiet der Ammer liegt in den Ammergauer Alpen, nicht weit vom königlichen Schloss Linderhof, und der Fluss mündet in den Ammersee. Die Ammer ist ein alpiner Fluss, der kaltes, sauerstoffreiches Wasser führt. Damit bietet sie Lebensraum für Fischarten mit hohem Anspruch, was die Wasserqualität betrifft, wie zum Beispiel Äschen und Bachforellen.

Die Ammerschlucht ist auch aus geologischer Sicht sehr interessant. Eine seltene geologische Rarität sind die Kalksinterterrassen, die man an den kleinen Quellaustritten an den Hanglagen der Schlucht finden kann. Wenn das Regenwasser durch die Erdschichten sickert, löst es Kalk aus dem Gestein. Das so mit Kalk angereicherte Grundwasser läuft auf seinem weiteren Weg über wasserundurchlässige Schichten, bis es einen Versickerungsweg findet.

Bei starkem Regenwetter ist es nicht ratsam, die Schlucht zu durchqueren. Die schmalen Pfade und Holzstege sind dann extrem rutschig und es besteht Gefahr. In jedem Fall sind Schwindelfreiheit und vor allem Trittsicherheit erforderlich, auch bei gutem Wetter!

Die Schnalzhöhlen

An den steilen, bewaldeten Osthängen der Schnalz im Sandsteinfelsen liegen größere Höhlen, die „Steinerne Stuben" genannt werden. Die Höhlen befinden sich ca. 100 m über dem Ammerlauf und sind durch den verwitterten Sandstein schon sehr verschüttet. In Notzeiten wie dem Dreißigjährigen Krieg (1618-1648) suchten die Menschen hier Schutz. In der Zeit der Schwedenkriege von 1632 bis 1634 sollen sich hier sogar Klosterbrüder aus Rottenbuch versteckt haben. Heute finden sich ideale Bedingungen für Fledermäuse in den teilweise 15 m hohen Innenräumen der Höhlen. Achtung Einsturzgefahr, nicht begehbar!

Am Kalkofensteg ❸, einer schön gestalteten Holzbrücke über die Ammer, geht es rechts steil den Hang hinauf. Nach ca. 400 m finden Sie eine Rastmöglichkeit. Es geht immer weiter entlang der Beschilderung über Steige, zahlreiche Stufen, Brücken und Stege durch die teilweise steil abfallende Ammerschlucht, bis es schließlich hinab zum Flussufer geht. Der Weg wendet sich nun bald nach rechts und dann folgen Sie steil bergan dem breiteren Weg aus dem Wald hinaus. Ein Hinweisschild weist auf den Ausgang der Ammerschlucht ❹ hin. Kurz darauf gelangen Sie aus dem Wald, wo Sie ein Rastplatz finden. Dann halten Sie sich links und wandern den Feldweg weiter leicht aufwärts. Sie werden mit einem aussichtsreichen Blick belohnt. Schon bald geht der Weg in einen Asphaltweg über. Sie folgen weiter der Beschilderung nach Rottenbuch und halten sich an der Abzweigung links ❺.

Die Türme des Klosters kommen näher. Ein kleiner Pfad zwischen Waldrand und Wiese führt Sie abwärts zu einem ländlichen Anwesen. Der Weg führt zwischen zwei Fischteichen vorbei. Rechts führt Sie der Weg dann weiter direkt in den Klosterhof von Rottenbuch.

Rottenbuch

Tourist-Info, Klosterhof 42, 82401 Rottenbuch, ☏ 088 67/91 10 18, tourist-info@rottenbuch.de, www.rottenbuch.de, Dienstag und Donnerstag 9:00-12:00

Landhotel Moosbeck Alm, Moos 38, 82401 Rottenbuch, ☏ 088 67/912 00, DZ ab € 65

♦ Ferienwohnung Gänse-Blümchen, Martha Keller, Augustinerstraße 6, 82401 Rottenbuch, ☏ 088 67/15 70, info@keller-rottenbuch.de, www.keller-rottenbuch.de, DZ ab € 62

Rottenbucher Stub'n, Familie Mayershofer, Klosterhof 26, 82401 Rottenbuch, ☏ 088 67/919 71 44, www.rottenbucher-stubn.de, Dienstag bis Sonntag 11:00-12:00, Montag Ruhetag

Kunstcafé am Tor, Klosterhof 1, 82401 Rottenbuch, ☏ 088 67/92 10 40, info@kunstcafe-rottenbuch.de, www.kunstcafe-rottenbuch.de, Montag, Mittwoch bis Sonntag 9:00-18:00, 1. und 3. Freitag im Monat bis 23:00, Dienstag Ruhetag

Busverbindungen nach Weilheim, am Wochenende nur drei Busverbindung

Rottenbuch lag an einem gut frequentierten Handelsweg auf der Route von Augsburg nach Italien. Erste Erwähnung fand die Stadt bereits im 10. Jh. Heute ist die 1.800-Einwohner-Gemeinde Rottenbuch staatlich anerkannter Erholungsort.

✞ Die Gründung des **Klosters Rottenbuch** geht auf das Jahr 1073 zurück und es hatte seine Blütezeit im 12. Jh. Das Kloster war eine Schenkung des Bayernherzogs Welf I. und wurde an den Augustiner-Chorherrenstift übergeben. Der Stift unterstützte die Kirchenreform von Papst Gregor VII.

Die romanische Stiftskirche ist der Gottesmutter geweiht und entstand in den Jahren von 1085 bis 1125. Kirche und Kloster fielen 1322 einem Brand zum Opfer. Erst im 15. Jh. erfolgte der Wiederaufbau. Die Kirche wurde im 18. Jh. im Barockstil umgebaut. Die Stuckarbeiten sind von den Wessobrunner Meistern Joseph und Franz Xaver Schmuzer, die Altäre vom Wessobrunner Franz Xaver Schmädl. Große Teile der Klosteranlage wurden auch bei der Säkularisation zerstört.

1758 wurde das Torgebäude des Klosters umfangreich umgebaut. Dort war seinerzeit neben einem Bader und dem Krämer auch ein Gefängnis untergebracht. Im Obergeschoss war eine Schule eingerichtet, wo bis zur Säkularisation täglich bis zu 120 Kinder der Hofmark Rottenbuch kostenlos Unterricht und ein Mittagessen erhielten.

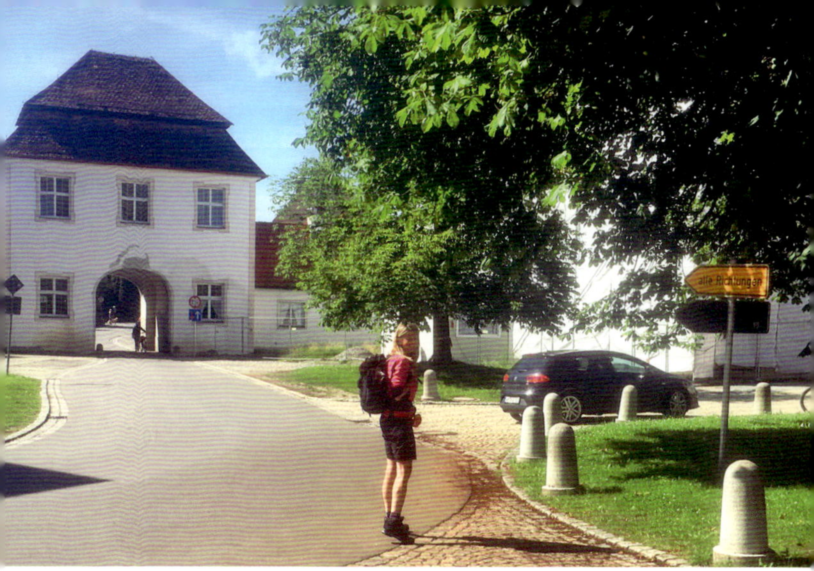

Rottenbuch

In den 1960er-Jahren ließen sich die Gemeinschaft der Don-Bosco-Schwestern und -Brüder im Kloster nieder. Im nördlichen Klosterbau ist heute das Rathaus untergebracht.

♦ Kloster Rottenbuch, Klosterhof 40, 82401 Rottenbuch, ☏ 088 67/10 08

☺ Die klösterliche Gemeinschaft gestaltete ihr Zusammenleben nach den Ordensregeln des heiligen Augustinus, einem der vier Kirchenväter:

„Niemand möge bei seiner Arbeit auf seinen persönlichen Vorteil bedacht sein, sondern alles geschehe im Dienst der Gemeinschaft, und zwar mit mehr Eifer und größerer Begeisterung, als wenn jeder für sich selbst und zum eigenen Nutzen arbeiten würde. (…) So wird sich in allem, was die vergängliche Not des Menschen betrifft, etwas Bleibendes und Überragendes zeigen, nämlich die Liebe.“ (Auszug aus der Klosterregel des Augustinus)

↳ Der Rottenbucher **Klosterrundweg** vermittelt den Besuchern einen Eindruck von der Klosteranlage im 18. Jh.Tradition und Brauchtum werden in Rottenbuch großgeschrieben. Dazu gehören beispielsweise kirchliche Prozessionen mit Fahnenabordnungen an Fronleichnam und der Leonhardiritt mit bis zu 170 Reitern. Ein Großereignis ist der alljährlich am ersten Freitag im September stattfindende Fohlenmarkt.

5. Etappe: Von Rottenbuch über die Wieskirche nach Steingaden und weiter nach Prem

22,3 km, 5 Std. 30 Min., ↑ 406 m, ↓ 425 m, ⇧ 739-886 m

0,0 km	⇧ 760 m	Rottenbuch
2,0 km	⇧ 828 m	Kreitfilz
4,7 km	⇧ 861 m	Wildsteig (Kirche St. Jakob)
6,4 km	⇧ 847 m	Naturschutzgebiet Moor, Blick auf den ehemaligen Wildsteiger See
10,1 km	⇧ 874 m	Wieskirche
15,1 km	⇧ 761 m	Steingaden (Welfenkloster) BANK
16,3 km	⇧ 765 m	Aussichtspunkt Steingaden
19,1 km	⇧ 745 m	Premer Filz
22,3 km	⇧ 746 m	Prem

Durch das südliche Tor aus der Klosteranlage heraus gelangen Sie wieder auf Ihren königlichen Weg. Ein Blick zurück erlaubt es noch einmal, den Hohen Peißenberg in Augenschein zu nehmen. Etwas bergig wird es in Richtung Wildsteig. Von hier ist es nur noch ein Katzensprung durch ein besonders reizvolles Moor-Naturschutzgebiet bis zur Wieskirche. Die Besichtigung des UNESCO-Welterbes ist ein Muss. Der sogenannte Brettleweg führt durch das Wiesfilz weiter durch den einsamen Eulenwald in Richtung Steingaden. Das hiesige Welfenkloster mit seinem Klostergarten ist ebenfalls eine Einkehr wert. Der weitere Weg eröffnet immer wieder eine traumhafte Sicht auf die Alpenkette. Durch ein geheimnisvolles Moor gelangen Sie schließlich zum heutigen Tagesziel Prem.

Die 5. Etappe ist für Radfahrer nicht geeignet.

Sie verlassen die Klosteranlage Rottenbuch durch das südliche Tor. Vorbei am Kunstcafé am Tor gehen Sie direkt auf den ehemaligen Fohlenhof zu in Richtung B23. Diese überqueren Sie, halten sich dann rechts weiter auf dem beschilderten Weg nach Solder und gelangen nach Kreitfilz ❶. In der Nähe von Bichl erreichen Sie die St2059. Dieser folgen Sie rechtsseitig für ca. 800 m. Zuerst führt der Weg ca. 300 m direkt an der Straße entlang über einen schmalen, stark bewachsenen und unschön zu begehenden Trampelpfad. Dann erreichen Sie die nächste Straßenkreuzung, an der Sie mehrere kleine Stufen hinaufgehen. Geradeaus weiter erreichen Sie eine Unterführung unter der Straße hindurch, der Sie links folgen. Das nächste Ziel, Wildsteig, ist nun in Sichtweite.

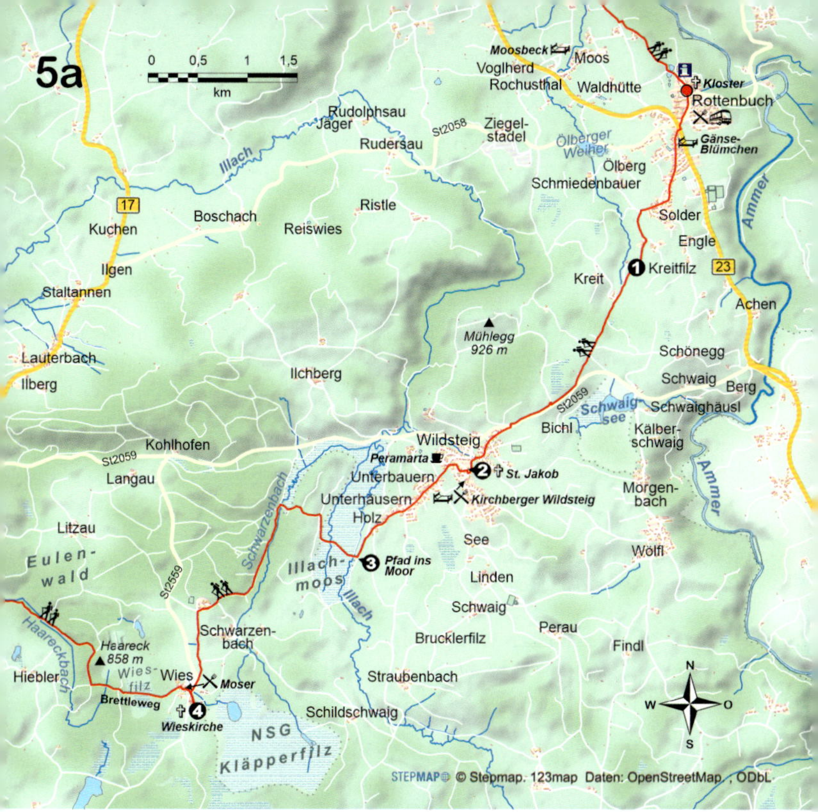
5a
0 0,5 1 1,5
km
Moosbeck
Moos
Voglherd
Rochusthal
Waldhütte
Kloster
Rottenbuch
Gänse-
Blümchen
Rudolphsau
Jäger
St2058
Ziegel-
stadel
Ölberger
Weiher
Rudersau
Illach
Ölberg
Schmiedenbauer
17
Boschach
Ristle
Kuchen
Reiswies
Solder
Engle
Ammer
Ilgen
Kreitfilz
23
Kreit
Staltannen
Achen
Mühlegg
926 m
Schönegg
Lauterbach
Ilchberg
Schwaig
Ilberg
Berg
St2059
Schwaig-
see
Schwaighäusl
Bichl
Kälber-
schwaig
Wildsteig
Kohlhofen
Peramarta
St2059
St. Jakob
Langau
Unterbauern
Morgen-
bach
Unterhäusern
Kirchberger Wildsteig
Holz
Ammer
Litzau
Schwarzenbach
See
Eulen-
wald
Illach-
moos
Pfad ins
Moor
Wölfl
Linden
St2559
Illach
Schwaig
Haareckbach
Schwarzen-
bach
Perau
Haareck
858 m
Brucklerfilz
Findl
Wies-
filz
Wies
Straubenbach
N
Hiebler
Moser
W
O
Brettleweg
Wieskirche
Schildschwaig
S
NSG
Kläpperfilz
STEPMAP © Stepmap. 123map Daten: OpenStreetMap , ODbL

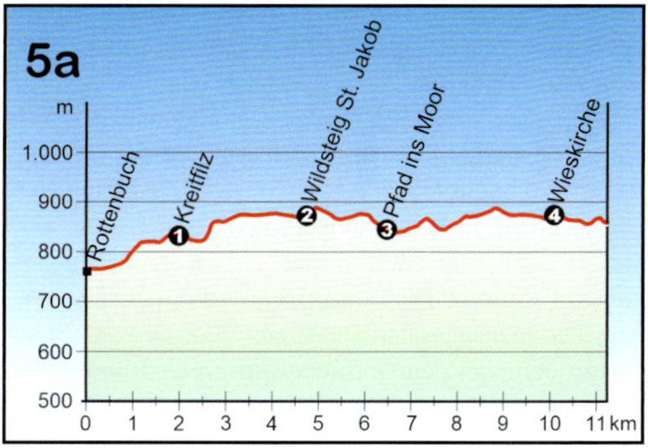
5a
m
1.000
900
800
700
600
500
Rottenbuch
Kreitfilz
Wildsteig St. Jakob
Pfad ins Moor
Wieskirche
0
1
2
3
4
5
6
7
8
9
10
11 km

Wildsteig

🛏 ✕ ☕ ✝

🛏 ✕ Landhotel Kirchberger Wildsteig, Kirchbergerstraße 43, 82409 Wildsteig, ☏ 088 67/221, 💻 www.landhotel-kirchberger.de, DZ ab € 59

☕ Café Peramarta, 82409 Wildsteig, Auerheimer Weg 1, ☏ 088 67/912 57 30, 💻 www.peramarta.de, 🚪 Donnerstag und Freitag 11:00-18:00, Samstag und Sonntag 11:00-20:00

Sie wandern mitten durch den Ort Wildsteig, vorbei an der Kirche St. Jakob ❷ und dem Maibaum. An der Kirche vorbei halten Sie sich rechts, bis Sie in den Wiesweg gelangen. Über die Ortsteile Holz und Unterhäusern, immer dem Wiesweg entlang, erreichen Sie den Ortsausgang. Am Ende des Wiesweges haben Sie an einer kleinen Wegkreuzung eine schöne Aussicht auf das Naturschutzgebiet der Moorlandschaft. Die Infotafel erläutert die Entstehung, Fauna und Flora. Von hier aus haben Sie auch einen schönen Blick auf den ehemaligen Wildsteiger See. Anschließend halten Sie sich links und biegen gleich wieder rechts in den schmalen Pfad ein ❸. Nun geht es direkt durch die Moorlandschaft. Mit etwas Glück können Sie heimische Nattern und Blutegel beobachten. Auch einige Orchideenarten, wie zum Beispiel das Knabenkraut, sind hier zu finden.

Sie durchqueren das Naturschutzgebiet und folgen der Beschilderung „Wieskirche", bis Sie schließlich den Turm und bald darauf die Wieskirche ❹ erblicken. Nehmen Sie sich ausreichend Zeit für die Besichtigung dieses „Rokokojuwels" und der umliegenden Örtlichkeiten. Für gute bayerische Gastlichkeit ist ebenfalls gesorgt.

✝ **Die Wieskirche** – Wallfahrtskirche zum gegeißelten Heiland auf der Wies

Die Wieskirche ist ein Besuchermagnet. Ihre Einzigartigkeit verdankt sie der Harmonie von künstlerischer Gestaltung, einmaliger Lichtführung und Akustik und der theologischen Glaubensaussage. Deshalb wird die Wieskirche auch als „Rokokojuwel im Pfaffenwinkel" bezeichnet. Seit 1983 gehört sie als Denkmal zum **Weltkulturerbe der UNESCO**.

Auch hier waren die Brüder Zimmermann aus Wessobrunn wieder am Werk. Sie waren die Baumeister und Stuckateure der Deckenfresken. Bemerkenswert ist das Fresko in der Hauptkuppel, in Form von einem großen Tor, welches die wichtigste christliche Botschaft der Theologie der Wies versinnbildlicht:

Es ist das „Tor zur Ewigkeit". Noch ist das Tor verschlossen und der antike Zeitgott Chronos liegt am Boden und das Buch des Engels ist noch zugeschlagen. Die Schlange darüber ist zum Ring geworden, als Symbol für die Ewigkeit. Ganz oben über dem Tor lesen wir: „Tempus non erit amplius", was so viel heißt wie „Zeit wird nicht mehr sein".

Quelle: Infotafel, Meditationsweg Ammergauer Alpen

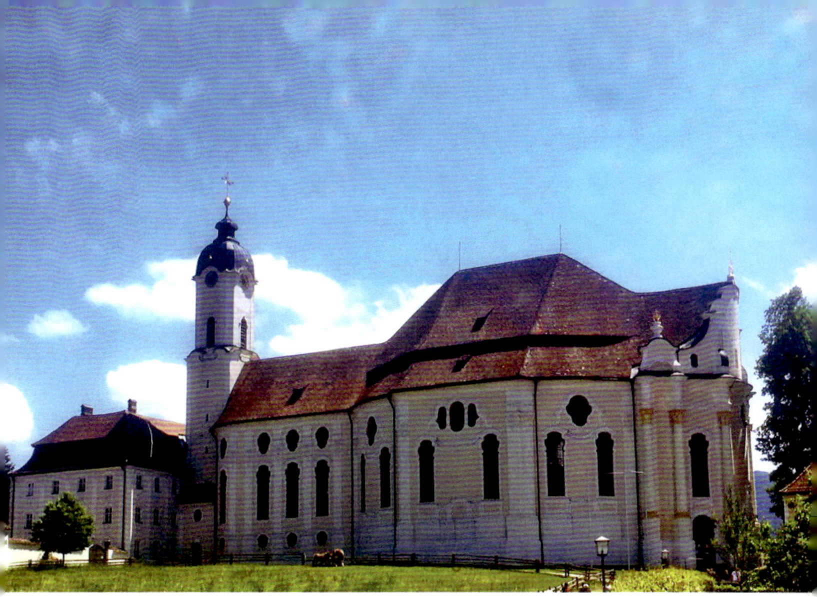

Wieskirche

Das Gnadenbild, eine Prozessionsfigur aus dem Jahr 1730, zieht vor allem Pilger und Pilgergruppen an. Die Figur wurde von der Familie der Wieshofbäuerin Maria Lori von 1732-34 zur Karfreitagsprozession getragen. Maria Lori soll dann am 14. Juni 1738 das „Tränenwunder“ beobachtet haben, wonach dem Heiland während des Gebetes der Bäuerin einige Tränen auf dem Antlitz erschienen sein sollen. Dies war der Beginn der Wallfahrt.

Ein besonderes Erlebnis ist der Gottesdienst in der Wieskirche: sonntags und an kirchlichen Feiertagen um 8:30 und 11:00, dienstags, mittwochs, samstags um 10:00 sowie freitags um 19:00 (Sommer) bzw. 17:00 (Winter).

♦ Pfarrkirche Wieskirche, Wies 12, 86989 Steingaden, ☏ 088 62/93 29 30

Nach der Besichtigung der Wieskirche werfen Sie noch einen Blick in die kleine Wieskapelle rechts des Weges und biegen dann links ein und gehen direkt auf den Gasthof Moser zu.

Gasthof Moser, Wies 1, 86989 Steingaden, ☏ 088 62/503, info@gasthof-moser.de, www.gasthof-moser.de, Donnerstag bis Dienstag 9:00-19:00, Mittwoch Ruhetag

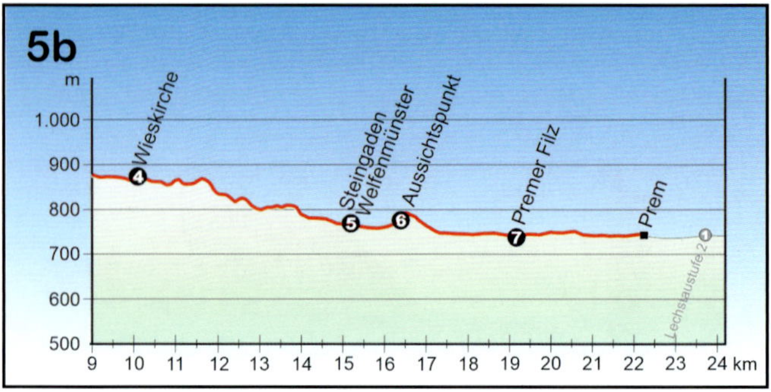

Diesen lassen Sie rechts liegen und nach der Hausfassade biegen Sie in den Brettleweg ein.

Dieser liebevoll hergerichtete Weg führt durch eine Moorlandschaft. Damit man keine nassen Füße bekommt, wurden in den Weg immer wieder Bretter (auf Bayerisch „Brettle") eingebaut. Dieser kleine, mit Holzlatten unterlegte Weg führt Sie nun durch ein Moorgebiet entlang des Haareckbaches. Nach ca. 1 km halten Sie sich rechts und folgen weiter der Beschilderung des Waldweges durch den Eulenwald, bis Sie nach ca. 2,5 km die Schlögelmühlstraße in Steingaden erreichen.

Diese gehen Sie bis zum Ende und erreichen die Füssener Straße (B17). Nun biegen Sie rechts ab und folgen der B17 ca. 250 m. Dann erreichen Sie die Schönegger Käse-Alm in Steingaden.

Entlang der Feuchtgebiete und Moore werden Sie immer wieder einen urzeitlich anmutenden kleinen „Baum" erblicken, den Acker-Schachtelhalm. Manchmal bilden sich ganze Meere aus diesen Pflanzen, die es in der Urzeit mal in „groß" gab. Eine Heilwirkung, zum Beispiel als Tee gegen Rheuma und Nierenerkrankungen, wird dieser Pflanze auch nachgesagt.

Nach einer kleinen Stärkung geht es kurz weiter entlang der B17 bis zum Abzweig rechts in einen Fußweg, an dessen Ende Sie links und gleich wieder rechts in die Welfenstraße abbiegen. Dieser folgen Sie ca. 250 m, bis Sie direkt zum **Welfenmünster ❺** gelangen.

Steingaden

Tourist-Information, Gemeinde Steingaden, Krankenhausstraße 1, 86989 Steingaden, 088 62/91 01-0, info@steingaden.de,
www.steingaden.de/tourismus-kultur, derzeit nur telefonisch oder per Mail

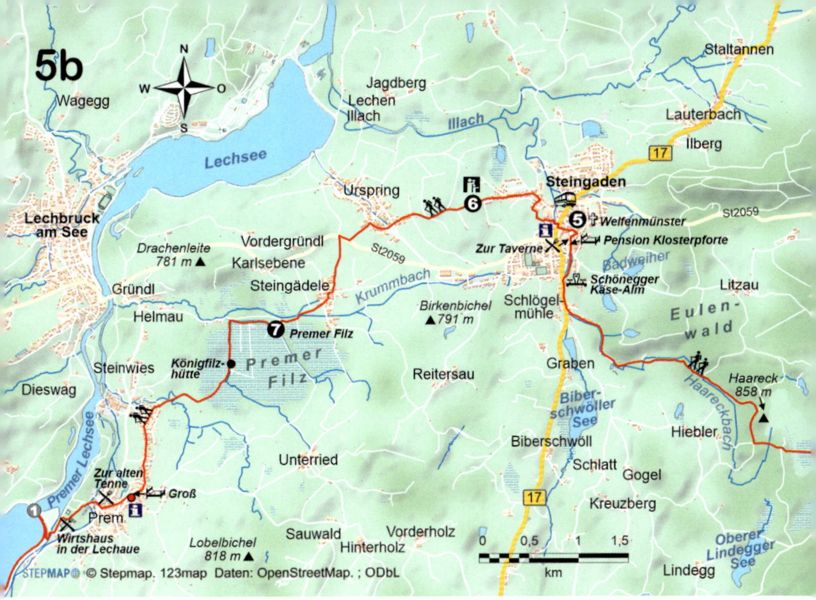

Pension an der Klosterpforte Steingaden, Welfenstraße 16, 86989 Steingaden, 088 62/999 90 10, www.klosterpfortesteingaden.de, DZ ab € 103

Restaurant Zur Taverne, Welfenstraße 10, 86989 Steingaden, 088 62/911 22 11, Montag, Mittwoch bis Sonntag 11:00-22:30, Dienstag Ruhetag

Schönegger Käse-Alm, Füssener Straße 27, 86989 Steingaden, 088 62/911 43 65, www.schoenegger.com, Montag bis Samstag 9:00-18:00

Bus 73 nach Füssen

Das ehemalige Klosterdorf Steingaden ist anerkannter Erholungsort mit einzigartigen Baudenkmälern wie die berühmte Wieskirche und der Welfenmünster mit dem schönen Klostergarten.

✝ Welfenmünster

Das Welfenkloster mit der Pfarr- und Klosterkirche gilt als kunsthistorischer Sakralbau im Pfaffenwinkel. Wie in einem kunsthistorischen Bilderbuch finden Sie hier aus nahezu allen Kunstepochen Relikte, die heute noch gut erhalten sind.

Das Kloster wurde 1147 von Welf VI. gestiftet und dem Orden des heiligen Norbert von Xanten anvertraut. Im Jahr 1176 wurde die Klosterkirche geweiht. Durch einen Brand wurden Großteile des Klosters zerstört. Die Rundbögen, der Kreuzgang sowie das Säulenportal weisen auf die romanische Entstehung des Klosters hin. Die Spitzbögen der Fenster sind kunsthistorisch der Gotik zuzuordnen.

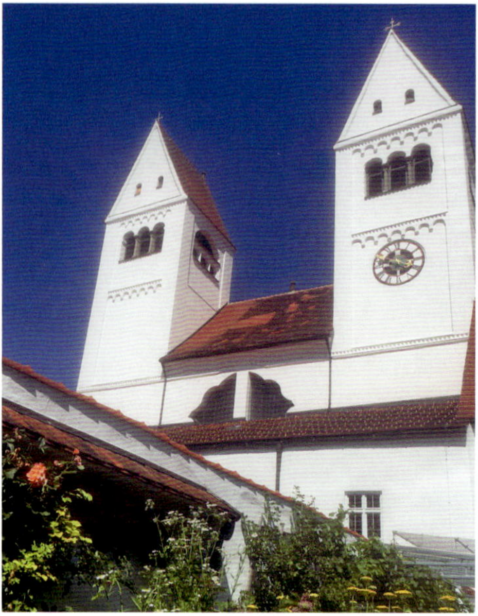

Welfenkloster Steingarden

Während der Bauernkriege im 16. Jh. wurde das Kloster erneut schwer geschädigt und zerstört. Zum 600-jährigen Jubiläum der Klostergründung wurde das Hauptschiff mit Stuck und Fresken im Rokokostil umgestaltet. Ebenfalls neu gestaltet wurden Orgel, Kanzel, Kirchenbänke und Beichtstühle.

Das Kloster Steingaden wird auch wie folgt bezeichnet: „ehrwürdige Mutter einer schönen Tochter, der Wies". Das Kloster wurde 1803 aufgelöst.

♦ Welfenmünster, Krankenhausstraße 1, 86989 Steingaden

Klostergarten, Lehr- und Meditationsgarten

Eine wahre Ruheoase ist der zauberhafte **Klostergarten**. Der Blickfang des Klostergartens ist ein **Geh-Labyrinth** aus Stein. Außerdem finden sich eine Reihe von Kunstwerken im Garten. Die kleinen Skulpturen „Mönche im Klostergarten" wurden von der Bildhauerin Marion Werner aus Steingaden geschaffen und zeigen die Mönche bei ihrer Arbeit im Klostergarten.

Der **Lehr- und Meditationsgarten** im Herzen von Steingaden wurde von 2007 bis 2008 neu gestaltet und erhielt 2008 den Umweltpreis des Landkreises Weilheim-Schongau. Er leistet einen beachtlichen Beitrag zur Erhaltung des Wissens über naturheilkundliche bzw. alternativmedizinische Heilanwendungen und beschreibt eine Reihe von Heil- und Nutzpflanzen, die heutzutage nur noch wenig bekannt sind. Viele verschiedene Kräuter und Pflanzen wachsen im Klostergarten. Liebevoll gestaltete Tafeln beschreiben diese ausführlich.

Der Klostergarten bietet ausreichend schattige Sitzgelegenheiten, die zur „Brotzeit" einladen.

Nachdem Sie den Klostergarten verlassen haben, halten Sie sich rechts in Richtung Marktplatz, vorbei am Dorfbrunnen und dem Kriegerdenkmal bis zur B17, die Sie überqueren. Sie erreichen nun über eine kleine Brücke das Rathaus mit der Tourist-Information. Hier halten Sie sich rechts und folgen der Beschilderung weiter entlang der Krankenhausstraße, der Sie nur kurz folgen, und dann biegen Sie links in den Fohlenhof ein. Die Straße mündet in einen Feldweg, der dann in die Fohlenhofstraße übergeht. Am Ende biegen Sie links ab und befinden sich nun wieder auf der Krankenhausstraße, der Sie weiter folgen. Vor einer leichten Rechtskurve biegen Sie in die Straße Auf der Egg ab, die nach kurzer Zeit als Fußweg in Richtung Urspring weiterführt. Von hier aus erreichen Sie bald eine wundervolle Aussicht auf die Allgäuer Berge ❻.

In Urspring angekommen gehen Sie direkt in Richtung Kirche und halten sich dann links, um in die Keltenstraße einzubiegen. Dann überqueren Sie die Verbindungsstraße nach Lechbruck (St2059) und gehen ein kurzes Stück nach rechts an der Straße entlang, bis Sie links in eine kleine Straße nach Steingädele einbiegen. Den Ort verlassen Sie schräg rechts in Richtung Wiesen. Dann überqueren Sie eine Brücke und gelangen entsprechend der Beschilderung ins Premer Filz ❼, eine eindrucksvolle Moorlandschaft.

Klostergarten

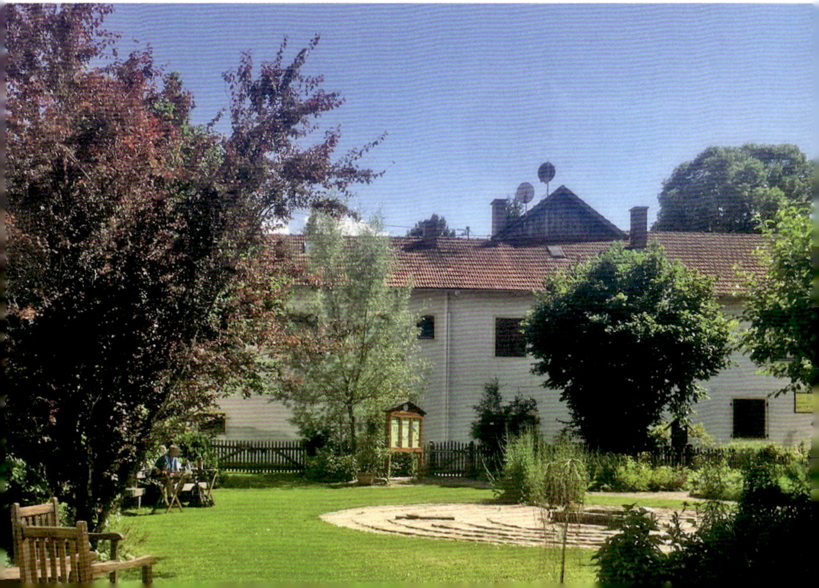

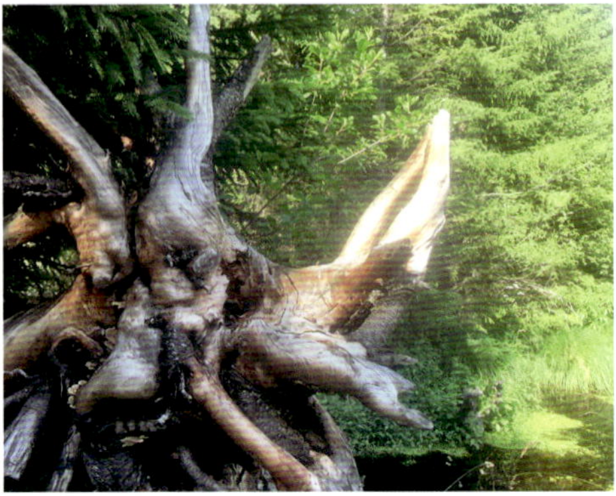

Moorungeheuer

Das Premer Filz ist ein Überbleibsel des mächtigen Lechgletschers, nach dessen Abschmelzen eine Seenlandschaft zurückblieb. Entlang des Weges durch das Hochmoor finden sich eine Reihe von Infotafeln über den **Torfabbau**. Zu Beginn des 20. Jh. standen hier noch 120 Hütten der Torfstecher. Die Hütten dienten als Zwischenlagerplatz. Durch die geschickte Bauweise der Hütten aus Holz und Balken mit ausreichend Abstand waren die Hütten einer guten Luftzirkulation ausgesetzt.

Mitte der 80er-Jahre wurde der Torfabbau eingestellt und die Hütten abgebaut. Die **Königfilzhütte** wurde durch ehrenamtliche Helfer wiederhergerichtet und dient heute als Brotzeitplatz. Im Inneren der Hütte können Sie noch die Originalwerkzeuge aus der Zeit des Torfstechens bewundern.

An der Holzhütte verlassen Sie das Moorgebiet und gelangen über einen Feldweg durch Wiesen und sich rechts haltend bis nach Prem. Im Ort gehen Sie links in Richtung Kirche. Ihr Tagesziel ist erreicht.

Prem

i Tourist-Information Schulweg 6,, 86984 Prem, ☏ 088 62/72 56, www.prem-am-lech.de, Montag bis Freitag 8:00-12:00

Prem Gästehaus Groß, Kirchplatz 3, 86984 Prem, ☏ 088 62/76 79, DZ ab € 96

Gasthaus Zur alten Tenne, Schongauer Straße 2, 86984 Prem, ☏ 088 62/83 64, www.zur-alten-tenne.com, Donnerstag bis Montag 16:00-11:00, Dienstag und Mittwoch Ruhetage

Wirtshaus in der Lechaue, Aumühle 4, 86984 Prem, ☏ 088 62/243 07 60, www.lechaue.de, Mittwoch bis Sonntag 12:00-22:00, Montag und Dienstag Ruhetage

Prem ist ein altes Flößerdorf mit dörflichem Charakter inmitten der Voralpenlandschaft. Die Ortschaft ist umgeben vom Premer Lechsee, den Lechauen und der Moorlandschaft Königsfilz (Premer Filz).

6. Etappe: Von Prem über Schwangau nach Füssen

➲ *25,1 km, ⌛ 6 Std., ↑ 510 m, ↓ 459 m, ⇧ 733-953 m*

0,0 km	⇧ 741 m	Prem
1,4 km	⇧ 738 m	Lechstaustufe 2 – Premer Lechsee
7,1 km	⇧ 836 m	Kniebis (Ortsausgang) mit Blick auf Schapfensee
10,7 km	⇧ 795 m	Hegratsrieder See
14,1 km	⇧ 787 m	Holzkapelle Maria am Weg
16,3 km	⇧ 794 m	Schwangau BANK ⌘
18,1 km	⇧ 802 m	Rastplatz/Bank mit Blick auf Neuschwanstein
20,2 km	⇧ 824 m	Wegbeginn zum Schloss Hohenschwangau
21,8 km	⇧ 789 m	Schwansee
25,1 km	⇧ 791 m	Füssen BANK ⌘

Auf der letzten Etappe werden Ihnen nochmal eine Vielzahl von Highlights begegnen. Besonders Füssen mit seiner sehenswerten Altstadt und vor der traumhaften Kulisse mit den Alpen und den Königsschlössern wird Sie begeistern. Die Etappe führt Sie vorbei an wunderschönen Badeseen. Auf einem Großteil der Strecke werden Sie (bei entsprechendem Wetter) mit einem gigantischen Weitblick in die Ostallgäuer Alpen belohnt.

Sie starten in den Lechauen und können von der Staumauer (Lechstaustufe 2) aus den klaren Premer Lechsee bewundern. Schon bald lockt erneut ein Moorsee, der Kühmoossee, der Sie auf eine Badepause einlädt. Von dort aus werden Ihnen auch erste Blicke in Richtung Schloss Neuschwanstein gewährt. Nach kurzer Strecke gelangen Sie dann an den herrlichen Hegratsrieder See, ebenfalls ein Badesee. Nun geraten die Königsschlösser mehr und mehr in den Blickwinkel. Bei Schwangau gelangen Sie auf gut angelegten Wanderwegen entlang einer natürlichen Wiesenlandschaft nach Hohenschwangau. Die Besichtigung der Schlösser Neuschwanstein und Hohenschwangau sollten Sie sich nicht entgehen lassen. Weiter geht es vorbei am Schwansee. Über den Kalvarienberg gelangen Sie nach Füssen. Der steile Anstieg ist lohnenswert, den von dort oben haben Sie einen atemberaubenden Blick auf Füssen, den Lech und die Berge.

Die 6. Etappe ist für Radfahrer bis zum Schlösser-Parkplatz in Schwangau geeignet. Als Wandernde teilen Sie sich den Weg oftmals mit vielen Radlern. Der Kalvarienberg ist nicht mit dem Rad befahrbar.

Von der Premer Kirche aus gehen Sie bergab bis kurz vor das Ende Flößerstraße und dann rechts in einen schmalen Fußweg. Am Gasthaus Zur alten Tenne überqueren Sie die Hauptstraße (Schongauer Straße) und biegen links in einen kleinen Weg ein. Von dort folgen Sie weiter der Beschilderung bis zu den Lechauen. Sie kommen am Spielplatz und am Wirtshaus in der Lechaue vorbei. Über einen schönen Waldweg erreichen Sie bald den Lechuferweg.

Der Lechuferweg bringt Sie direkt an die **Lechstaustufe 2 – Premer Lechsee** ❶. Ein Blick von der Staumauer über den klaren, türkisfarbenen See ist lohnenswert. Der Weg führt Sie dann linksseitig entlang der Staumauer direkt am See entlang, bis Sie nach ca. 2,5 km zur Hauptstraße gelangen. Etwa 300 m laufen Sie entlang der Hauptstraße am Straßenrand bis zum Ortsteil Küchele. Hier wenden Sie sich nach rechts und überqueren über eine Brücke den Halblech. Nach ca. 200 m halten Sie sich links und laufen auf einen größeren, älteren Gebäudekomplex (Häringen) zu. Von dort wandern Sie ca. 1 km weiter entlang der Beschilderung nach Ostern und Thal. Immer wieder werden Ihnen Weitblicke in die Allgäuer Alpen beschert.

Von Thal aus sehen Sie bereits die Illasbergstraße, die Sie überqueren, und dann begeben Sie sich links auf den viel befahrenen Fuß-/Radweg. Nach ca. 500 m erreichen Sie Kniebis und nach dem Ortsausgang gibt es einen schönen Blick auf den rechts gelegenen Schapfensee ❷. Von hier aus können Sie bei klarem Wetter auch bereits das Schloss Neuschwanstein sehen. Im Sommer bieten sich nun weitere Bademöglichkeiten. Der Weg führt parallel zur Straße an Rauhenbichl vorbei. Wer Lust auf eine Erfrischung und keine Angst vor dem tiefschwarzen Moorwasser hat, kann im schwarzen Moorsee Kühmoossee ein Bad nehmen.

Sie folgen der Beschilderung weiter, biegen rechts in die Hegratsrieder Straße ein, die dann als Fuß-/Radweg in den Forggenweg mündet. Sie passieren Greith und gelangen direkt an den Hegratsrieder See ❸.

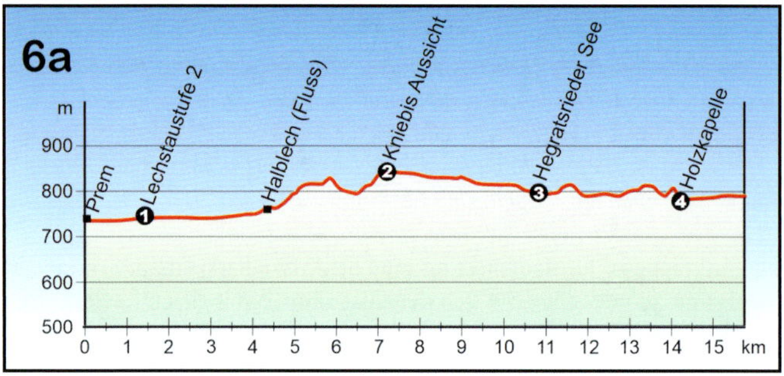

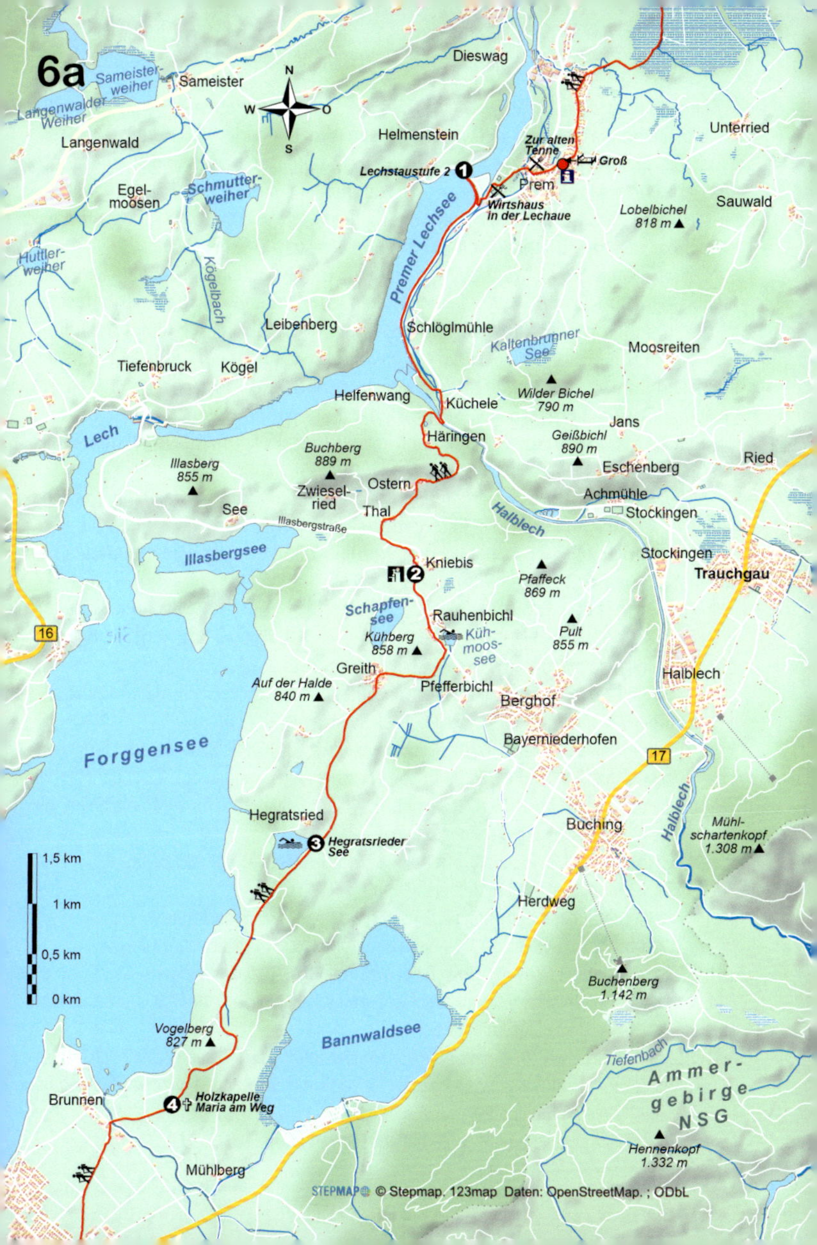
6a
Sameister-weiher
Sameister
Langenwalder Weiher
Langenwald
Dieswag
Helmenstein
Unterried
Zur alten Tenne
Groß
Lechstaustufe 2
Prem
Wirtshaus in der Lechaue
Egel-moosen
Schmutter-weiher
Sauwald
Lobelbichel 818 m
Huttler-weiher
Kögelbach
Premer Lechsee
Leibenberg
Schlöglmühle
Kaltenbrunner See
Moosreiten
Tiefenbruck
Kögel
Helfenwang
Küchele
Wilder Bichel 790 m
Lech
Häringen
Jans
Geißbichl 890 m
Buchberg 889 m
Illasberg 855 m
Ostern
Eschenberg
Ried
Zwiesel-ried
Achmühle
See
Thal
Stockingen
Illasbergstraße
Halblech
Stockingen
Illasbergsee
Kniebis
Trauchgau
Pfaffeck 869 m
Schapfen-see
Rauhenbichl
Kühmoos-see
Pult 855 m
16
Kühberg 858 m
Greith
Halblech
Auf der Halde 840 m
Pfefferbichl
Berghof
Bayerniederhofen
Forggensee
17
Hegratsried
Buching
Hegratsrieder See
Halblech
Mühl-schartenkopf 1.308 m
1,5 km
1 km
Herdweg
0,5 km
0 km
Buchenberg 1.142 m
Vogelberg 827 m
Bannwaldsee
Tiefenbach
Ammer-gebirge NSG
Brunnen
Holzkapelle Maria am Weg
Hennenkopf 1.332 m
Mühlberg
STEPMAP © Stepmap. 123map Daten: OpenStreetMap. ; ODbL

Hier können Sie sich erneut dem Badevergnügen hingeben.

Sie bleiben weiter auf dem vor allen am Wochenende viel befahrenen Fuß-/Radweg. Der Weg führt zwischen den Seen Forggensee rechts und Bannwaldsee links hindurch. Die Königsschlösser rücken immer näher in den Fokus. Ca. 3 km nach dem Hegratsrieder See finden Sie links, etwas oberhalb über Treppen erreichbar, die kleine Holzkapelle Maria am Weg ❹.

Diese sollten Sie sich unbedingt ansehen; treten Sie ein und halten Sie inne. Neben dem Eingang ist eine kleine Glasplatte mit folgendem Spruch befestigt: „Tritt ein und verweile, vergiss des Lebens Eile. Höre auf dieses feine, unaufhörliche Geräusch – es ist die Stille – Horch auf das was man hört, wenn man nichts mehr vernimmt." Das Marienbild „Dreimal wunderbare Mutter" am Altar ist ein Geschenk der Schwestern der Schönstadt-Kongregation. Die Christusfigur über dem kleinen Altar ist eine Schnitzarbeit nach Oskar Kokoschkas Lithographie des Gekreuzigten.

Sie gehen ca. 700 m weiter entlang dem Deutenhauser Weg. Dann kommen Sie an einen kleinen Parkplatz. Hier gabelt sich der Weg. Sie überqueren die Seestraße und folgen weiter halb links dem Krehtalweg. Bald gelangen Sie in die Ortschaft Schwangau.

Schwangau

Tourist-Information Schwangau, Münchener Straße 2, 87645 Schwangau, ☎ 083 62/819 80, info@schwangau.de, www.schwangau.de, Montag bis Freitag 8:30-17:00, 31.07. bis 11.09.21 Samstag 9:00-12:00

♦ Ticket-Center Hohenschwangau, Alpseestraße 12, 87645 Schwangau, OT Hohenschwangau, ☎ 083 62/81 97 65, www.hohenschwangau.de, 01. April bis 15. Oktober 7:30-17:00, 16. Oktober bis 31. März 8:30-15:00. Es wird empfohlen, die Tickets rechtzeitig und online zu buchen.

Hotel zur Post, Münchener Straße 5, 87645 Schwangau, ☎ 083 62/982 10, www.postschwangau.de/hotel, DZ ab € 50

Schlossbrauhaus Schwangau, Gipsmühlweg 5, 87645 Schwangau, ☎ 083 62/926 46 80, www.schlossbrauhaus.de, täglich 12:00-22:00

Tegelbergbahn Schwangau, Tegelbergstraße 33, 87645 Schwangau, ☎ 083 62/983 60, www.tegelbergbahn.de, täglich 9:00-17:00, letzte Talfahrt um 16:45, Berg- und Talfahrt: € 26

Mit der Buslinien 78 kommen Sie von der Talstation der Tegelbergbahn nach Hohenschwangau und Füssen. Die Buslinie 73 verbindet Schwangau mit den Städten Füssen, Halblech, Steingaden und Wildsteig, https://fahrplan-bus-bahn.de/bayern/schwangau.

Schwangau ist idyllisch eingebettet in Seen, Berge und Schlösser und liegt am Rande des Ammergebirges. Vier Seen laden zum Baden, Segeln, Surfen, Stand-up-Paddeln (SUP) oder Bootfahren ein: der Alpsee im Ortsteil Hohenschwangau, der Forggensee mit Forggenseeschifffahrt, der Schwansee beim Schloss Hohenschwangau und der Bannwaldsee.

Ein Netz von wunderschönen, abwechslungsreichen Spazierwegen durchzieht die Gegend. Auch die Bergsteiger kommen hier auf ihre Kosten. Vielleicht wollen auch Sie hoch hinauf auf den Hausberg Tegelberg (1.730 m). Imposant hinter dem Schloss Neuschwanstein thront unverkennbar der Säuling (2.047 m), auch ein beliebtes Ziel der Bergsteiger.

Erste Menschen siedelten sich bereits v. Chr. in Schwangau an. Seit dem Jahr 15 v. Chr. wurde Schwangau von den Römern besetzt. Ausgrabungen an der Tegelbergtalstation sowie im Forggensee belegen die römische Besiedlung aus dieser Zeit. Auch die Alemannen waren ca. 6 v. Chr. hier als Siedler vor Ort. Dies wurde durch entsprechende Grabstättenfunde belegt.

Die Pest wütete vor allem während des Dreißigjährigen Krieges hier. An die schreckliche Zeit erinnert der Pestfriedhof an der Wallfahrtskirche **St. Coloman**. Aus Furcht vor Ansteckung beerdigte die Gemeinde damals ihre Pesttoten weit draußen beim Coloman-Heiligtum. Coloman war ein Königssohn, der nach der Jahrtausendwende zu einer Pilgerreise nach Jerusalem aufbrach. Dort, wo jetzt die Kirche steht, soll er gerastet haben. Er gilt in Süddeutschland als Heiliger und Schutzpatron des Viehs. Wann genau die ursprüngliche Kapelle zu Ehren des heiligen Coloman errichtet wurde, ist nicht genau bekannt. Es wird vermutet, dass es ca. um 1400 war, und zwar an der Stelle, wo heute die Sakristei der neuen Kirche steht.

Schwangau ist besonders durch seine Königsschlösser weltberühmt geworden. Kronprinz Maximilian von Bayern errichtete in den Jahren 1832 bis 1836 aus der Burg Schwanstein das Schloss Hohenschwangau. Sein Sohn, König Ludwig II. von Bayern, erbaute in den Jahren 1869 bis 1886 das „Märchenschloss" Neuschwanstein.

Schwangau bietet außerdem eine königliche Therme und liegt an der „Romantischen Straße". Über 120 km Wanderwege und zahlreiche Hütten und Almen lassen das Wanderherz höherschlagen.

✝ Kirche St. Coloman

Die barocke Kirche ist schon von Weitem sichtbar. Sie ist dem heiligen **St. Coloman** gewidmet. Auch eine Reliquie von ihm wird in der Kirche verwahrt. Nach der Überlieferung soll er um das Jahr 1.000 auf seiner Pilgerfahrt nach Jerusalem an dieser Stelle gerastet haben. St. Coloman wird auch als Schutzheiliger bei Krankheit angebetet.

Wann genau die gotische Kirche erbaut wurde, ist unbekannt. Ihre kirchliche Weihe erhielt sie 1495. Bereits zu Zeiten von Karl V., der damals die Herrschaft in Hohenschwangau innehatte, genoss die Kirche große Bedeutung. Durch die Zunahme der Wallfahrten wurde ab 1672 eine Kirchenerweiterung im Barockstil durchgeführt und 1678 fertiggestellt. Auch hier waren wieder die Wessobrunner Stuckateure und Baumeister am Werk. Der Turmbau mit Zwiebelhaube erfolgte 1682. Jährlich am Sonntag vor dem 13. Oktober finden hier ein Festgottesdienst, die Segnung der Pferde und ein anschließender Umritt statt.

♦ St. Coloman, Colomanstraße 1, 87645 Schwangau, ☏ 083 62/82 07

Variante: Tegelberg

(zur Talstation: 3,6 km, ⌛ 1 Std., ↑ 47 m, ↓ 20 m, ⇧ 789-821 m)

Machen Sie doch einen Ausflug auf den Tegelberg (1.730 m). Die Talstation erreichen Sie von Schwangau aus. In der Ortsmitte zweigt von der B17 die Tegelbergstraße ab. Nach ca. 2,5 km erreichen Sie die Talstation der Bergbahn (Infos ☞ S. xxx). Schon während der Bergfahrt mit der Kabinenbahn bieten sich Ihnen einzigartige Blicke auf das Ammergebirge und Schloss Neuschwanstein. Von der Bergstation aus gibt es eine Vielzahl von Wanderwegen mit unterschiedlichen Schwierigkeitsstufen.

☺ Auf dem Panoramaweg Königsrunde bieten sich in ca. 1 Stunde faszinierende Ausblicke auf die Bergwelt. Mutige Bergwanderer können sich ein Gipfelerlebnis gönnen. Mit Trittsicherheit und Schwindelfreiheit (Drahtseilsicherungen!) gelangt man zum Gipfel des Tegelberges (1.730 m). Zahlreiche Hütten laden zu bayerischen Schmankerln und mit Liegestühlen auf die Sonnenterrasse ein.

Wieder an der Talstation verlassen Sie diese auf dem Wanderweg immer mit Blick Richtung Neuschwanstein und folgen der Beschilderung „König-Ludwig-Weg" bis zur historischen Gipsmühle. Von hier aus haben Sie zwei Möglichkeiten: Entweder Sie setzen den Weg entsprechend der Beschilderung weiter entlang der 6. Etappe fort oder Sie wandern durch die Pöllatschlucht zum Schloss Neuschwanstein. Der Einstieg in die Pöllatschlucht befindet sich unweit der Gipsmühle. Über die malerische Felsenschlucht gelangen Sie auf einem Bergwanderweg steil bergauf direkt zum Schloss Neuschwanstein.

✋ Bitte beachten Sie, dass die Pöllatschlucht witterungsbedingt wegen Steinschlaggefahr geschlossen sein kann. Bitte informieren Sie sich daher rechtzeitig vorher im Internet auf 💻 www.tegelbergbahn.de oder bei der Tourist-Information.

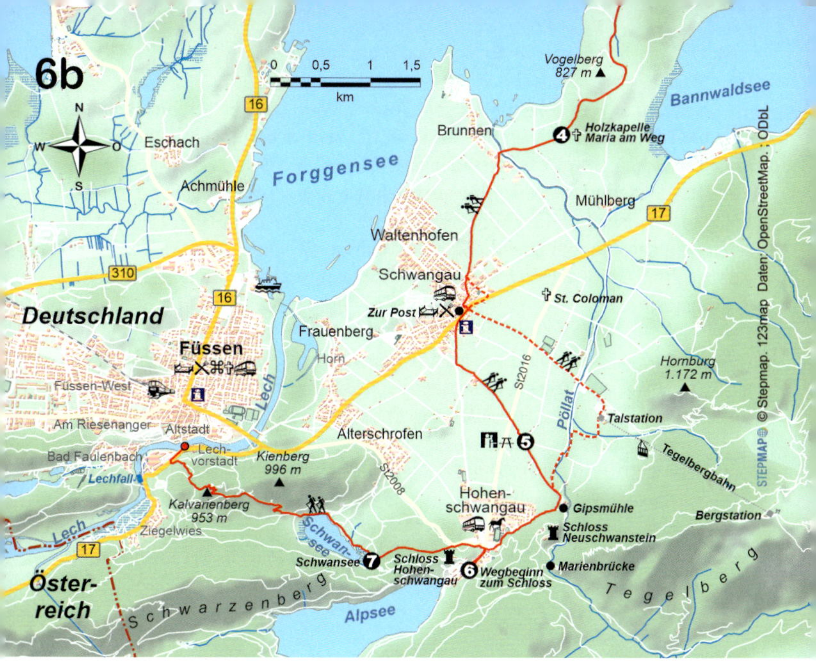

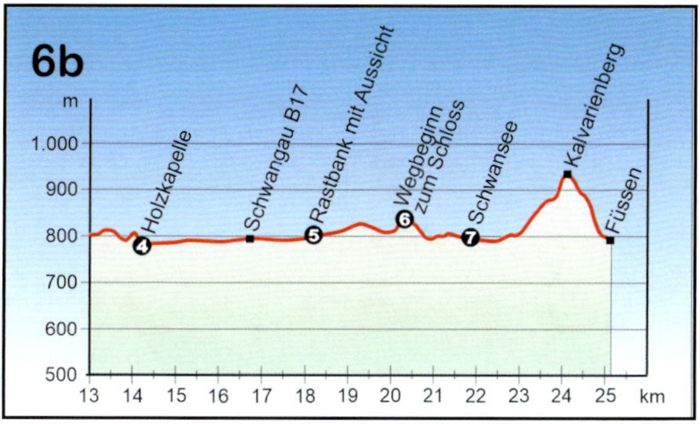

In Schwangau überqueren Sie die B17 und die Colomanstraße und folgen dem Gipsmühlweg. Nach ca. 250 m gelangen Sie an einen kleinen Rastplatz mit zwei Bänken unter Bäumen ❺. Von hier aus haben Sie einen wundervollen direkten Blick auf das Schloss Neuschwanstein und den Säuling.

Nach einer Rast folgen Sie dem Gipsmühlenweg weiter geradeaus und erreichen die historische Gipsmühle. Von hier aus sind es nur noch wenige Schritte bis zur Pöllatschlucht. Am Schluchteingang wenden Sie sich nach rechts und folgen der Beschilderung auf dem gut ausgebauten Wanderweg Pöllatweg in Richtung Hohenschwangau zu den Königsschlössern. Kurz vor den ersten Häusern zweigt der Weg nach links in einen schmalen Waldweg ab. Durch den Wald kommen Sie direkt zum Großparkplatz in Hohenschwangau in der Nähe des gleichnamigen Schlosses.

Ein Shuttlebus bringt die Touristen bis zur Marienbrücke nahe dem Schloss Neuschwanstein. Dieser Shuttlebus fährt ab Parkplatz Nr. 4 am Alpseeparkplatz (unterhalb vom Schloss Hohenschwangau) bis zur Haltestelle „Jugend“ nahe der Marienbrücke (zurzeit geschlossen, Stand Herbst 2021). Preise: Bergfahrt: € 2,50, Talfahrt: € 1,50, Berg- und Talfahrt: € 3,00. Der Busservice hat keine festen Abfahrtszeiten. Der Bus fährt etwa alle 20 Minuten. Zu Fuß brauchen Sie für die Strecke ca. 40 Minuten.

Auch Kutschfahrten bis zum Märchenschloss werden für ca. € 7 angeboten.

Bitte beachten Sie, dass es nicht möglich ist, mit dem eigenen Pkw die Schlösser anzufahren.

Schloss Neuschwanstein

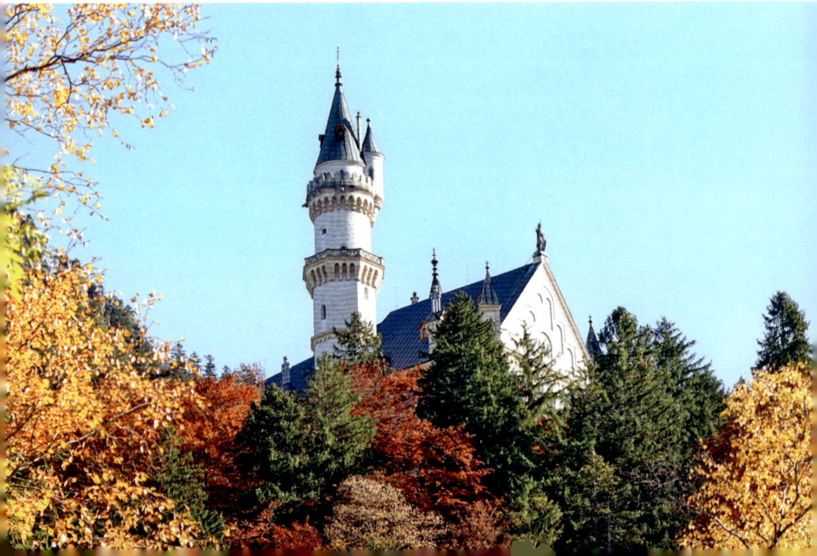

Schloss Neuschwanstein

Das Märchenschloss von Ludwig II., wie es auch genannt wird, thront hoch oben auf dem Felsen. Es lässt die Besucher in eine faszinierende Sagenwelt der Ritter und Könige eintauchen.

Als Ludwig II. 1864 die Regierung als bayerischer König übernahm, standen noch die Ruinen der Burgen Vorder- und Hinterschwangau auf dem Pöllatfelsen.

Der Holzsteig über die Pöllatschlucht wurde 1966 durch eine Eisenkonstruktion ersetzt und nach der Frau des Kronprinzen Maximilian „Marienbrücke" benannt. Es muss wohl der Besuch Ludwigs II. 1867 auf der Wartburg in Eisenach gewesen sein, der ihn zum Bauentschluss der Ritterburg Neuschwanstein inspirierte – zumal man auch einige Baumeister der Wartburg auf Neuschwanstein antreffen konnte. Schon bald erweiterte der Märchenkönig seine Idee und es entstand ein Entwurf einer Monumentalanlage im Stil einer deutschen Ritterburg des frühen 13. Jh. Die gewaltige Ausdehnung des Baus von 130 m Länge machte auch eine Abtragung des Fels erforderlich. 1869 wurde schließlich der Grundstein gelegt. Täglich waren 200-300 Arbeiter beschäftigt, um die riesigen Mengen von Baumaterial zu bewältigen. Über viele Jahre lang bot sich damit für die Landbevölkerung ein gesicherter Arbeitsplatz. Die Großbaustelle garantierte auch zahlreichen Künstlern und Handwerkern eine wirtschaftliche Existenz und war eine wichtige Hilfe bei der Entwicklung von Handel, Handwerk und Gewerbe. Für die Innengestaltung hatte der König die konkrete Vorstellung, die Helden und Motive aus Wagners Opern „Tannhäuser" und „Schwanenritter Lohengrin" zu verewigen. Die Wandgemälde ließ er nach den Vorgaben der alten deutschen Sagen erstellen.

1884 war das Schloss so weit vollendet, dass der König seine Räumlichkeiten beziehen konnte. Bis zu seinem Tod 1886 konnten nur die Repräsentations- und Wohnräume im 3. und 4. Geschoss fertiggestellt werden. Der Eingangsbereich und die Gänge erhielten eine einfache Bemalung. Die übrigen Teile blieben im Rohbau. Rund 6,2 Millionen Mark betrugen die Baukosten, die Ludwig II. überwiegend aus seinem Privatvermögen bestritt. Sieben Wochen nach seinem Tod wurde das Schloss für Besucher geöffnet. Neuschwanstein zählt täglich an die 10.000 Besucher. Am 24. Dezember, 25. Dezember, 31. Dezember und 1. Januar ist das Schloss nicht geöffnet. Tickets kosten ca. € 22 und es wird empfohlen, die Tickets rechtzeitig und online zu buchen. Sie können sie erwerben bei

- International Ticket & Travel Center, Bahnhofstraße 12, 87629 Füssen, ☏ 083 62/819 78 70, ✉ info@i-ttc.com, 💻 www.allgaeu-tickets.de oder https://shop.ticket-center-hohenschwangau.de, 🚪 1. Juli bis 31. August Montag bis Samstag 9:30-13:00 und 15:00-18:00, Sonntag 9:30-12:00

♦ Ticket-Center Hohenschwangau, Alpseestraße 12, 87645 Schwangau, OT Hohenschwangau, ☏ 083 62/81 97 65, 💻 www.hohenschwangau.de, 🚪 01. April bis 15. Oktober 7:30-17:00, 16. Oktober bis 31. März 8:30-15:00

☺ Den besten Blick auf das Schloss Neuschwanstein haben Sie von der Marienbrücke aus (☞ Titelfoto des Buches). In 90 m Höhe führt diese Brücke über dem Wasser über die Pöllatschlucht.

✋ Aufgrund umfangreicher Sanierungsmaßnahmen ist der Übergang bzw. die Begehung der Marienbrücke derzeit nicht möglich (Stand September 2021). Auch die Pöllatschlucht war 2021 überwiegend gesperrt (Gefahr von Steinschlägen).

Wenn Sie vom Parkplatz aus rechts der Hauptstraße geradeaus folgen, erblicken Sie nach wenigen Augenblicken das zweite Königsschloss: Hohenschwangau ❻. Folgen Sie einfach den zahlreichen Touristen! Ein Abstecher mit Schlossführung lohnt in jedem Fall.

♜ Schloss Hohenschwangau

Unterhalb von Neuschwanstein und in der Nähe des Alpsees gelegen befindet sich ein weiteres Königsschloss: Hohenschwangau. Maximilian von Bayern, der Vater von Ludwig II., erwarb das Schloss 1832 in einem renovierungsbedürftigen Zustand. In den nachfolgenden Jahren bis 1837 wurde das Schloss aufwendig wiederhergerichtet und diente der Wittelsbacher Königsfamilie als Sommerresidenz. Ludwig II. verbrachte dort einen Großteil seiner Kindheit. Er verweilte auch während der Bauphase von Neuschwanstein sehr oft in der Sommerresidenz.

Die Geschichte vom Schloss Hohenschwangau geht in das 15. Jh. zurück, wo es erstmals urkundlich erwähnt wurde. Das Rittergeschlecht der Edlen von Schwangau hatte auch diese Burg errichten lassen. Zu Zeiten der Napoleonischen Kriege um 1800 wurde das Schloss schwer zerstört und war eine Zeit lang unbewohnt, bis es vom Vater Ludwigs II. 1832 erworben und 1836/37 restauriert wurde. Kurz nach seiner Thronbesteigung gestaltete Ludwig II. die Schlossräume um. So entstand ein Musikzimmer mit Flügel, auf dem Richard Wagner seine Kompositionen vorspielte. Im Schlafzimmer ließ er die Decke als Sternenhimmel gestalten.

Am 24. Dezember, 25. Dezember, 31. Dezember und 01. Januar ist das Schloss nicht geöffnet. Infos zum Ticketerwerb ☞ Schloss Neuschwanstein

⇘ Wenn Sie entlang der Alpseestraße weiter der Beschilderung zum Alpsee folgen, gelangen Sie direkt zum **Museum der bayerischen Könige**.

⌘ Museum der bayerischen Könige

Das Museum der bayerischen Könige in Hohenschwangau liegt am Ufer des Alpsees und vermittelt Einblicke in die Geschichte der Dynastie der Wittelsbacher Königsfamilie. Ein Stammbaum, der begehbar ist, zeigt Ihnen anschaulich die Familiengeschichte. Der Schwerpunkt der Ausstellung liegt auf König Maximilian II. und seinem Sohn, König Ludwig II. Vom ersten Stockwerk aus haben Sie einen wundervollen Ausblick auf den Alpsee und Schloss Hohenschwangau.

♦ Museum der bayerischen Könige, Alpseestraße 27, 87645 Hohenschwangau, ☏ 083 62/88 72 50, ✉ info@museum-hohenschwangau.de, 💻 www.hohenschwangau.de/museum-der-bayerischen-koenige, Infos zum Ticketerwerb ☞ Schloss Neuschwanstein

Wieder am Parkplatz begeben Sie sich auf den Fußweg parallel zur Parkstraße, direkt vorbei an der Infostelle Hohenschwangau. Ca. 300 m führt der Weg an der Straße entlang, bis er links in einen kleinen Spazierweg mündet. Folgen Sie der Beschilderung zum Schwansee. Nach ca. 1 km erreichen Sie den Schwanseepark am Schwansee ❼. Sie folgen dem wunderschönen Spazierweg am Schwansee entlang und werden immer wieder mit lohnenden Ausblicken auf die Königsschlösser und die Gipfel von Tegelberg und Säuling beschenkt. In Richtung Füssen am Seeende finden Sie auch einige Badestellen. Dort führt der Weg links weiter über das Königssträßchen. Nach ca. 500 m biegen Sie rechts in einen Waldweg ein und folgen der Beschilderungen „Kalvarienberg, Füssen". Steil geht es nun bergauf zum Kalvarienberg (953 m).

✿ Kalvarienberg

Der **Kalvarienberg** ist eine Art Pilgerweg. In kleinen Kapellen wird auf deren Altarbildern der Leidensweg Christi dargestellt. Dieser Weg mit 14 Kreuzwegstationen wurde im 19. Jh. auf Veranlassung des damaligen Stadtpfarrers angelegt. Vom Gipfel des Kalvarienberges aus haben Sie einen wundervollen Blick über Füssen und Umgebung. Forggensee und Hopfensee erblicken Sie in die eine Richtung und Schwansee sowie die Königsschlösser in die andere. Tegelberg und Säuling umgrenzen die aussichtsreiche Bergwelt bis hin zu den Tannheimer Bergen. Kurz unterhalb des Gipfels befinden sich die Heiligkreuzkapelle und drei weitere der insgesamt 14 Kreuzwegstationen.

Auch König Ludwig II. war gerne zum Kalvarienberg unterwegs.

Beim Abstieg vom Kalvarienberg halten Sie sich links und folgen der Beschilderung des König-Ludwig-Weges. Sie bleiben dabei auf dem Kreuzweg und wandern talwärts in Richtung Füssen.

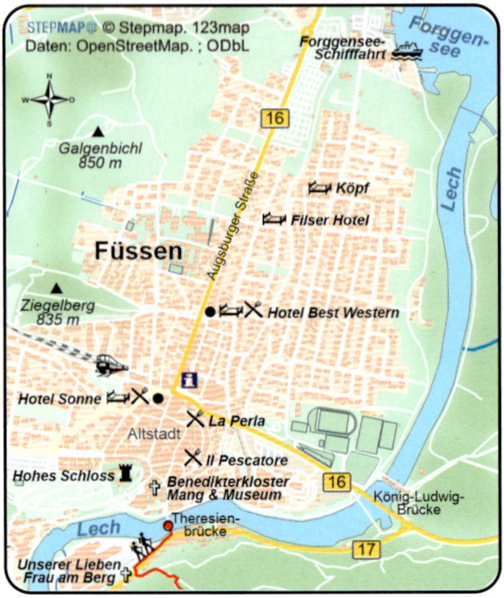

Schon bald erreichen Sie einen Platz mit einer weiteren kleinen Kapelle (Marienkapelle) des Kreuzweges. Auf dem Platz finden sich moderne sakrale Skulpturen. Weiter gehen Sie entlang der Beschilderung und gelangen vom Waldweg auf die Hauptstraße (Tiroler Straße) vorbei an der Kirche Unserer Lieben Frau am Berg. Sie überqueren die Hauptstraße und laufen rechts auf dem Fußweg parallel zum Lech direkt auf die Stadt Füssen zu. Rechter Hand gelangen Sie zur Theresienbrücke, die Sie über den Lech führt und einen traumhaften Ausblick auf das Kloster St. Mang und das Hohe Schloss bietet. Über die Brücke erreichen Sie direkt die Altstadt von Füssen. Das Ziel der letzten Etappe Ihres Weitwanderweges ist erreicht. In Füssen gibt es noch reichlich Sehenswertes zu entdecken. Planen Sie dafür unbedingt zusätzlich Zeit ein.

Füssen

Tourist-Information, Kaiser-Maximilian-Platz 1, 87629 Füssen, ☏ 083 62/93 85-0, tourismus@fuessen.de, www.fuessen.de, Montag bis Freitag 9:00-17:00, Samstag 9:00-12:00

Hotel Best Western plus Füssen, Augsburger Straße 18, 87629 Füssen, ☏ 083 62/92 63 00, www.bestwestern.de/hotels/Fuessen/Best-Western-Hotel-Fuessen, DZ ab € 119

♦ Filser Hotel in Füssen, Säulingstraße 3, 87629 Füssen, ☏ 083 62/912 50, www.hotel-filser-fuessen.de, DZ ab € 108, nur Frühstück

♦ Hotel Sonne Füssen, Prinzregentenplatz 1, 87629 Füssen, ☏ 083 62/90 80, www.hotel-fuessen.de/, DZ ab € 109

Gästehaus Köpf, Geiselsteinweg 6, 87629 Füssen, ☏ 083 62/79 53, www.gaestehaus-koepf.de, DZ ab € 71

La Perla Ristorante Pizzeria Füssen, Drehergasse 44, 87629 Füssen, ☏ 083 62/71 55, www.ristorante-la-perla.de, Dienstag bis Sonntag 11:00-21:30, Montag Ruhetag

Restaurant Il Pescatore, Franziskanergasse 13, 87629 Füssen, ☏ 083 62/92 43 43, www.ilpescatore-fuessen.de, Donnerstag bis Dienstag 11:30-14:00 sowie 17:30-22:00, Mittwoch Ruhetag

Bahnhof Füssen, Bahnhofstraße 12, 87629 Füssen, Verbindungen nach München mehrmals täglich oder mit Umstieg in Kaufbeuren

Städtische Forggensee-Schifffahrt, Weidachstraße 80, 87629 Füssen, ☏ 083 62/300 29 50, info@forggensee-schifffahrt.de, www.forggensee-schifffahrt.de, Tickets ab € 9

Die ca. 15.800-Einwohner-Stadt Füssen liegt im bayerischen Königswinkel an der Grenze zu Österreich. Die Stadt liegt in gut 800 m Höhe und ist in einer wildromantischen Naturkulisse im Alpenvorland am Lech eingebettet. Sie ist die höchstgelegene Stadt Bayerns und eine der ältesten Siedlungen am Alpenrand. Unter Rudolf von Habsburg erfolgte 1295 die Stadtgründung. Die Stadt litt besonders unter dem Dreißigjährigen Krieg von 1618 bis 1648.

Der Bayerisch-Österreichische Erbfolgekrieg fand erst 1745 mit dem Füssener Frieden ein Ende.

Füssen wurde durch die wirtschaftliche Blütezeit des späten Mittelalters und der Neuzeit entscheidend geprägt. Dies wird besonders in der wunderschönen Altstadt heute noch deutlich. Füssen gilt auch als Wiege des Geigen- und Lautenbaus. Dies wurde bereits im 14. Jh. in Geschichtsschriften erwähnt. Lassen Sie sich eine Stadtführung nicht entgehen! Per Handy können Sie sich an den insgesamt elf Infotafeln unter der Rufnummer ☏ 089/21 08 33 55 91 einwählen und an der Handy-Stadtführung teilnehmen.

Klare Badeseen wie Forggensee, Hopfensee und Weißensee sowie die Königsschlösser Neuschwanstein und Hohenschwangau sind nur einen Steinwurf entfernt. Besuchen Sie am Alpsee den 15 m hohen Felsen am Pindarplatz, wo Ludwig II. seinen Mußeplatz zum Lesen hatte. Die historische Altstadt bietet Überreste einer alten Stadtmauer und einen historischen Stadtkern. Das Hohe Schloss mit der Galerie der Bayerischen Gemäldesammlung, das ehemalige Benediktinerkloster St. Mang mit barocker Stadtpfarrkirche und das Museum der Stadt Füssen bieten Ihnen nach der genussreichen Fernwanderung mindestens einen zusätzlichen Kulturtag.

Die Burgruinen Hopfen und Falkenstein sowie der Lechfall sind weitere Highlights. Schlendern Sie durch die historischen Gassen und verweilen Sie in gemütlichen Cafés. Vom Hohen Schloss aus und vom Kalvarienberg – einem Lieblingsplatz des Märchenkönigs – haben Sie eine fantastische Aussicht über die ganze Stadt.

♜ Hohes Schloss

Von der Altstadt aus sind es nur wenige Gehminuten bergauf, bis Sie den ersten Torbogen des Schlosses erreichen. Auf einem gepflasterten Weg, von dem aus Sie einen herrlichen Blick auf das Kloster St. Mang und die Altstadt genießen können, gelangen Sie zum zweiten Torbogen. Nun treten Sie ein in einen malerischen Innenhof mit bedeutenden farbigen Illustrationsmalereien aus der Spätgotik. Der Bau der Burg begann im 13. Jh. und sie wurde im 15. Jh. zu einem wehrhaften Burgschloss umgebaut. Das Schloss beherbergt die Bayerische Staatsgemäldegalerie mit bedeutenden Werken des 15. und 16. Jh. aus den Regionen Allgäu und Schwaben. Die prunkvolle Kassettendecke des Rittersaals entstand um 1500. Der Münchner Malschule mit Werken von Spitzweg, Lier und Defregger ist ebenfalls ein Raum gewidmet.

♦ Hohes Schloss Füssen, Magnusplatz 10, 87629 Füssen, ☏ 083 62/90 31 46, April bis Oktober Dienstag bis Sonntag 11:00-17:00, November bis März Freitag bis Sonntag 13:00-16:00, Eintrittspreise für Erwachsene € 6, Kinder ab 6 Jahre € 4

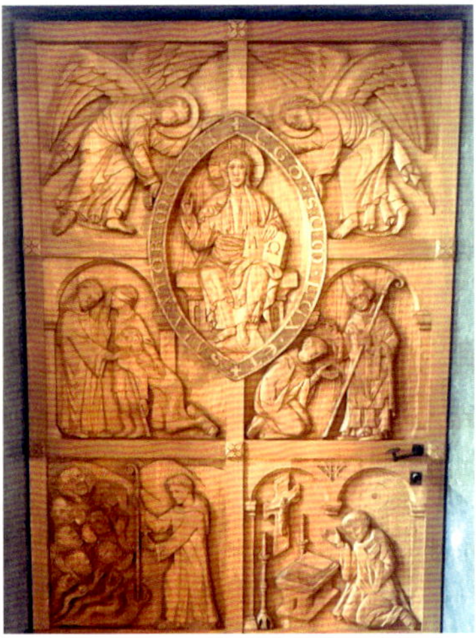

Holzschnitztür im Kloster St. Mang

✞ Benediktinerkloster Mang

Die Klostergeschichte reicht bis zum heiligen Magnus zurück, der im 8. Jh. als Missionar nach Füssen kam und auch hier starb. Das heutige Anwesen wurde im italienischen Barockstil Anfang des 18. Jh. errichtet. Der Festsaal (Kaisersaal) ist ein Highlight der Anlage und enthält wundervolle Fresken. Die Klosterbibliothek bildet das Zentrum auf der Südfront. Es beherbergt das Museum der Stadt Füssen und die Stadtbibliothek.

♦ Kloster St. Mang, Lechhalde 3, 87629 Füssen

⌘ Museum der Stadt Füssen

Das Museum befindet sich im Kloster St. Mang.

♦ Kloster St. Mang, Lechhalde 3, 87629 Füssen ☏ 083 62/90 31 43 https://www.fuessen.de/kultur/museum-der-stadt-fuessen.html, April bis Oktober Dienstag bis Sonntag 11:00-17:00, November bis März Freitag bis Sonntag 13:00-16:00, Eintrittspreise für Erwachsene € 6, Kinder ab 6 Jahre € 4

Der Lechfall

Ein Spaziergang über den Lechuferweg führt von der Altstadt aus –folgen Sie der Beschilderung „Lechfall“ – über den Füssener Ortsteil Bad Faulnbach zum Lechfall. Besonders im Sommer bietet der schattige Weg immer wieder die Möglichkeit, die Füße im kühlen Nass einzutauchen und dabei den zahlreichen Vogelstimmen zu lauschen.

Der Lechfall und die Klamm stellen im Alpenraum ein einzigartiges Naturdenkmal dar. Das Wasser vom Lech stürzt über 7 m in die Tiefe und tritt dann in eine Felsenschlucht ein, die sich der Fluss im Laufe von Jahrtausenden durch den Fels gebahnt hat. Im gesamten bayerischen Alpenraum ist diese Lechschlucht die einzige, durch die der Alpenfluss noch ungehindert fließend kann.

☺ Der Apostel des Allgäus und Stadtpatron der Stadt Füssen, der heilige Magnus, soll der Legende nach bei seiner Flucht vor wilden Tieren über die **Lechschlucht** gesprungen sein. Dabei hat er seinen Fußabdruck hinterlassen. Wer sich mit dem in diesem Abdruck angesammelten Regenwasser Augen und Stirn benetzt, soll von Augenleiden geheilt werden. Die Legende sagt auch, dass das Wasser wohl auch bei Irrsinn helfen soll!?

Lechfall

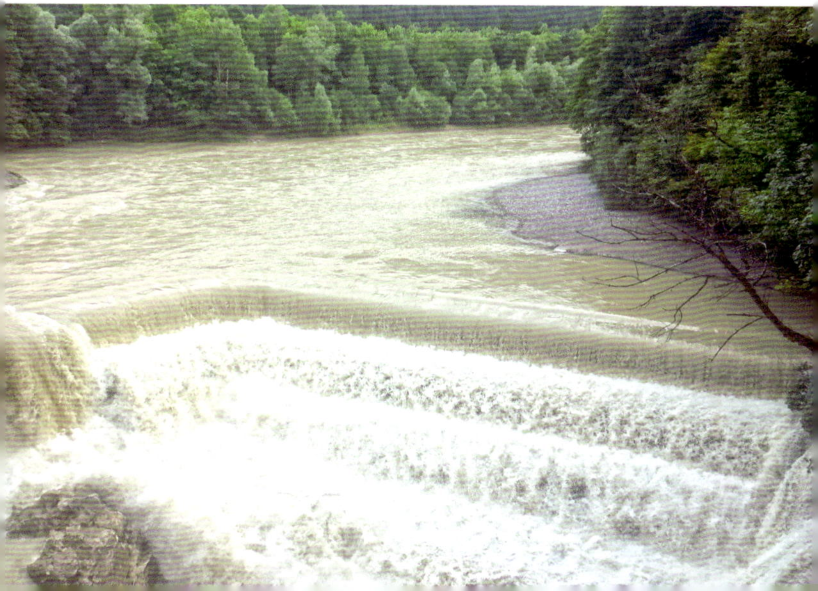

Index

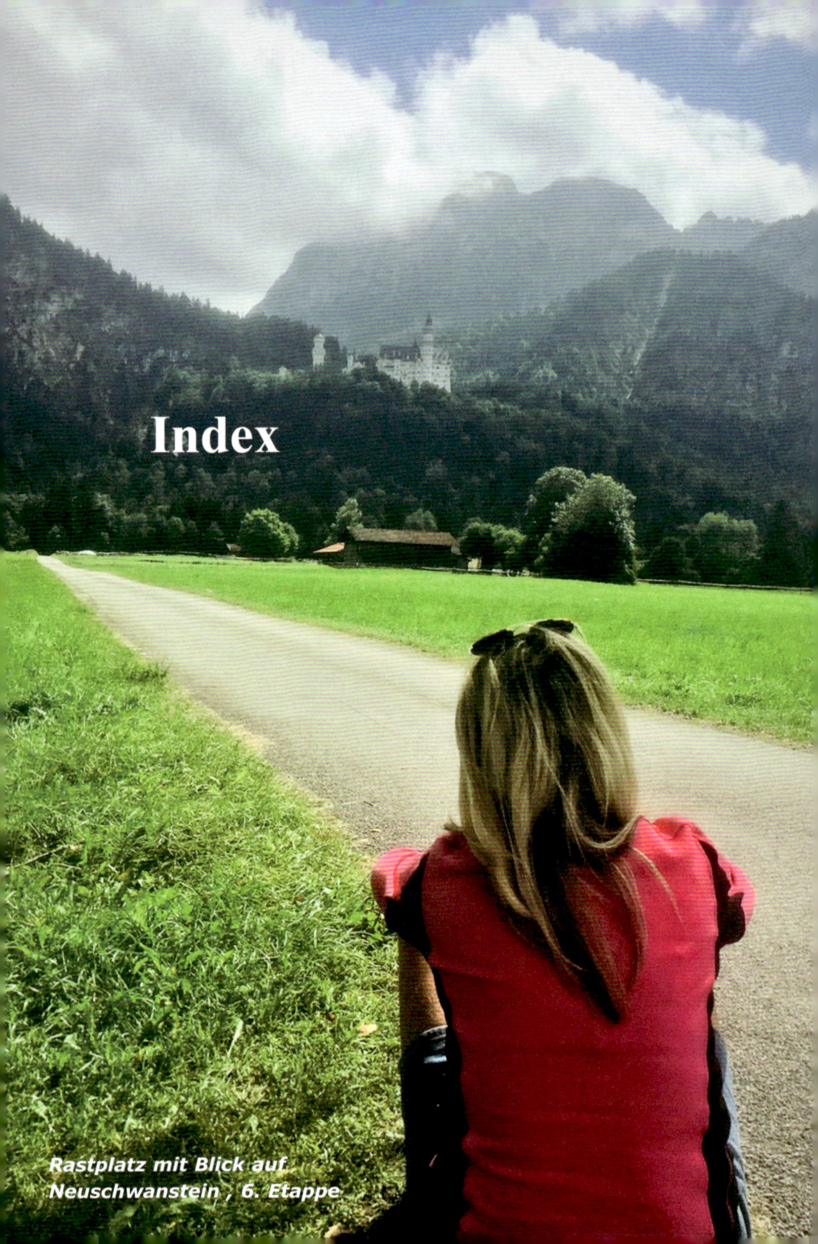

Rastplatz mit Blick auf Neuschwanstein , 6. Etappe

N/O

P

R

S

T

U

V

W